DERNIÈRES CONVERSATIONS

OUVRAGES DU MÊME AUTEUR
PARUS AUX ÉDITIONS FAYARD

Le Dieu de Jésus-Christ. Méditations sur Dieu-Trinité, 2005 [1977],
traduit de l'allemand, *Communio*.
La Mort et l'au-delà. Court traité d'espérance chrétienne, 2005 [1979],
traduit de l'allemand, *Communio*.
Entretien sur la foi, 2005 [1985], traduit de l'italien.
*Au commencement, Dieu créa le Ciel et la Terre. Quatre sermons de
Carême à Munich sur la Création et la Chute*, 2005 [1986], tra-
duit de l'allemand.
Église, Œcuménisme et Politique, 2005 [1987], traduit de l'italien.
Serviteurs de votre joie. Méditations sur la spiritualité sacerdotale,
2005 [1990], traduit de l'allemand.
Regarder le Christ. Exercices de foi, d'espérance et d'amour, 2005
[1992], traduit de l'allemand.
Appelés à la communion. Comprendre l'Église aujourd'hui, 2005
[1993], traduit de l'allemand.
Ma vie. Souvenirs (1927-1977), 2005 [1998], traduit de l'allemand.
Discours fondateurs (1960-2004), 2008, traduit de l'allemand.

Benoît XVI

DERNIÈRES CONVERSATIONS

AVEC PETER SEEWALD

Traduit de l'allemand par Odile Demange

Fayard

ISBN : 978-2-213-68594-6
Dépôt légal : septembre 2016

Couverture : Atelier Didier Thimonier
Photographies : © Alessandra Benedetti / Corbis

Titre original : *Benedikt XVI. Letzte Gespräche mit Peter Seewald*
© 2016 Droemer Verlag / Droemer Knaur GmbH & Co. KG, Munich.
Cet ouvrage a été proposé à l'éditeur français
par l'agence Editio Dialog, Lille.

« *Croire n'est autre que, dans l'obscurité du monde, toucher la main de Dieu et ainsi, dans le silence, écouter la Parole, voir l'Amour.* »

Benoît XVI, conclusion des exercices spirituels de la Curie romaine, avant la fin de son pontificat, 23 février 2013.

Préface

Un été à la campagne et un hiver s'étaient déjà écoulés et, le 23 mai 2016, quand j'ai repris le chemin escarpé menant au couvent *Mater Ecclesiae* dans les jardins du Vatican, je craignais fort qu'il ne s'agisse de notre dernier long entretien.

Sœur Carmela, sublime comme toujours, m'a ouvert la porte, mais cette fois elle ne portait pas de tablier mais un élégant tailleur. L'entrée était ornée d'un tableau représentant saint Augustin, le grand maître spirituel qui a eu une telle importance pour lui parce que ses écrits témoignent de sa lutte tragique et tellement humaine pour accéder à la vérité de la foi.

Benoît XVI ne porte plus ses mules rouges mais désormais des sandales, comme un moine. Peu de gens savent qu'il est aveugle de l'œil gauche depuis de nombreuses années, mais désormais, son ouïe s'est également affaiblie. Il est amaigri, et pourtant, il émane de lui une douceur nouvelle. Combien il est fascinant de voir le penseur audacieux, le philosophe de Dieu, le premier homme à pouvoir s'appeler pape émérite parvenu à la fin là où l'intellect seul ne suffit pas, dans le silence et la prière, au cœur même de la foi ?

Ma première rencontre avec l'ancien préfet de la Congrégation pour la Doctrine de la foi date de novembre 1992. Le magazine du *Süddeutsche Zeitung* avait l'intention de publier un portrait de lui et m'avait chargé de le réaliser. Sur la liste des postulants qui se battaient pour obtenir un rendez-vous avec le plus célèbre cardinal du monde figuraient les noms de collègues du *New York Times*, de la *Pravda* ou du *Figaro*. On ne pouvait guère me soupçonner d'être particulièrement catholique, mais plus je me suis intéressé à Joseph Ratzinger, plus j'ai été impressionné par la souveraineté, la passion et le courage avec lesquels sa pensée intempestive allait à contre-courant. Curieusement, ses analyses n'étaient pas seulement stimulantes, elles me paraissaient également pertinentes.

À y regarder de plus près, celui que l'on surnommait péjorativement « le panzer-cardinal » n'incarnait pas le passé mais l'avenir, une nouvelle intelligence dans la connaissance et l'expression des mystères de la foi. Il possédait l'art bien particulier de débrouiller les sujets les plus complexes, de voir au-delà de la surface des choses. Science et religion, physique et métaphysique, pensée et prière – Ratzinger rassemblait tout cela pour aller véritablement jusqu'au cœur des questions. De plus, la beauté de son langage accentuait encore la profondeur de ses pensées. « La théologie, déclare-t-il, est la réflexion sur ce que Dieu nous a prédit, sur ce qu'il a prévu pour nous. » Pour pouvoir recevoir, cependant, il faut savoir écouter. Si l'on ne veut pas seulement impressionner les hommes mais les conduire vers Dieu, le Verbe a besoin d'inspiration.

À l'image de Karol Wojtyła, Joseph Ratzinger a lui-même subi les conséquences des systèmes athées. Enfant, il a vu disparaître les crucifix des écoles ; soldat à dix-sept ans, il a vu la terreur et la dévastation apocalyptique qu'entraînait la folie de vouloir créer un « homme nouveau » dans un monde sans Dieu. La nécessité de défendre de manière argumentée le christianisme contre le renversement des valeurs imprègne profondément sa pensée, toute son œuvre. « La foi de mes parents, dit-il, m'a confirmé que le catholicisme était un rempart de la vérité et de la justice contre cet empire d'athéisme et de mensonge que représentait le national-socialisme. »

Jalonné de victoires et de défaites, le chemin conduisant cet homme exceptionnellement doué, qui se reconnaît très tôt comme appartenant aux élus, jusqu'au siège de saint Pierre est saisissant. Il y a l'écolier sensible qui compose des hexamètres grecs et s'enflamme pour Mozart. Le tout jeune étudiant qui rêve d'un renouveau chrétien dans les rues de Munich dévastées par les bombes. L'élève de maîtrise avide de savoir, formé à la pensée progressiste des meilleurs théologiens de son temps, qui médite sur les ouvrages de saint Augustin, de Kierkegaard et de Newman. Le vicaire non-conformiste qui suscite l'enthousiasme des groupes de jeunes. Mais aussi le doctorant anéanti qui, à l'aube de sa carrière, croit voir s'ouvrir devant lui l'abîme de l'échec.

Mais le destin en décide autrement. D'un coup, le professeur à l'allure juvénile originaire d'un petit village de Bavière devient la nouvelle étoile dans le ciel des théologiens.

Son langage nouveau, son rapport créatif à l'Évangile, la doctrine authentique qu'il incarne attirent l'attention. « Dans la théologie d'un grand penseur, a écrit son maître munichois Gottlieb Söhngen, le contenu et la forme de la pensée théologique s'influencent mutuellement pour créer une entité vivante. » Il fait cours dans des amphithéâtres bondés. Plusieurs milliers d'exemplaires des notes de ses étudiants, recopiées à la main, circulent. Son ouvrage *La Foi chrétienne hier et aujourd'hui* captive à Cracovie un certain Karol Wojtyła ; à Paris, l'Académie des sciences morales et politiques, l'une des académies de l'Institut de France, qu'il rejoindra plus tard. Ratzinger vient d'avoir trente-cinq ans quand il anime le Concile Vatican II de l'ouverture d'esprit qui fait entrer l'Église dans la modernité. Personne, Jean XXIII dit avec reconnaissance que personne n'aurait pu mieux exprimer que ce théologien adolescent la véritable intention qu'il poursuivait en prenant l'initiative de ce Concile.

Alors que les théologiens célébrés pour leur progressisme s'adaptent dans le fond à des idées plutôt petites-bourgeoises et ne font dans l'ensemble que se placer au service du courant dominant, Ratzinger dérange : en tant que professeur, en tant qu'évêque de Munich, en tant que préfet de la Congrégation pour la Doctrine de la foi à Rome, un poste qui l'oblige à assurer les arrières de Jean-Paul II pendant un quart de siècle – et à encaisser les coups. « En cet instant de notre histoire, déclare-t-il en guise d'avertissement, le vrai problème est que Dieu disparaît de l'horizon des hommes. » Tandis que « s'éteint la lumière provenant de Dieu », l'humanité souffre d'une perte de repères dont les « effets destructeurs se manifestent de façon toujours plus flagrante ».

L'Église n'est pas exclue de ses critiques. Dès 1958, il prône la « démondanisation », indispensable pour que les forces vives de la foi puissent à nouveau s'exprimer. Il faut, explique-t-il, rester en résistance, ne pas s'adapter, pour montrer clairement que le christianisme est porteur d'une conception du monde, avec la révélation de la vie éternelle, qui n'a aucune commune mesure avec l'attitude purement profane, matérialiste. Il serait naïf de croire qu'il suffirait de changer d'habit et de parler le langage de tout le monde pour que, d'un coup, tous les problèmes soient réglés. L'essentiel est de retrouver le chemin d'une proclamation authentique et d'une liturgie illuminant à nouveau le mystère de la célébration de la messe.

L'accusation qu'il lance à l'occasion du chemin de croix à Rome en mars 2005 restera dans les mémoires. « Que de souillures dans l'Église, s'écrie-t-il, et particulièrement parmi ceux qui, dans le sacerdoce, devraient lui appartenir totalement ! »

Le vieux cardinal était devenu une sorte de pilier sur lequel plus personne ne voulait se reposer. Ratzinger lui-même aspirait à la retraite. Pourtant, quelques jours à peine après son message du vendredi saint, il apparaît sur la loggia de la basilique Saint-Pierre. Le 265ᵉ pape depuis l'apôtre est acclamé par une foule en liesse. Il est le « petit pape », un simple « ouvrier dans les vignes du Seigneur », qui succède au grand Karol Wojtyła : c'est sous ce jour qu'il se présente au 1,2 milliard de catholiques de la planète, et il a parfaitement conscience de sa mission.

Les vrais problèmes de l'Église, fait-il clairement savoir, ne résident pas dans l'affaiblissement de ses effectifs, mais dans l'étiolement de la foi. C'est l'extinction de la conscience chrétienne qui est à l'origine de la crise, de la tiédeur de la prière et de l'office, du désintérêt pour la mission de l'Église. Pour lui, la vraie réforme doit être de l'ordre d'un renouveau intérieur, de l'embrasement des cœurs. Proclamer ce que l'on peut savoir et croire d'une connaissance assurée à propos du Christ, telle est à ses yeux la priorité absolue. Il faut « préserver la Parole de Dieu dans sa grandeur et sa pureté contre toutes les tentatives d'adaptation et d'appauvrissement. »

Pendant plusieurs années, le pontificat de l'Allemand est un chant de triomphe ininterrompu. Jamais encore autant de monde n'avait assisté aux audiences du pape. Les encycliques de Benoît XVI *Deus caritas est*, *Spe salvi* et *Caritas in veritate* atteignent des tirages astronomiques. Cela faisait longtemps que ses livres étaient devenus des ouvrages de référence mais, désormais, ses discours font la une de la presse internationale. Avoir réussi à accomplir une transition en douceur du long et émouvant pontificat de Wojtyła est présenté comme un exploit. Mais cet homme de soixante-dix-huit ans n'a pas seulement contribué à définir le contenu du Concile, il est aussi celui qui l'a rêvé. Sobriété, dialogue, concentration, autant de caractéristiques du nouveau style qui s'installe au Vatican. Les dépenses liturgiques sont réduites, les synodes des évêques raccourcis et transformés en un lieu de discussion collégiale.

Benoît XVI travaille sans bruit, abordant également des sujets laissés en suspens par son prédécesseur. Il refuse tout le décorum qui entoure sa fonction. Discrètement, il abolit le baisemain, remplace sur le blason du pape l'imposante tiare pontificale par une simple mitre. Par respect pour la tradition, il reprend cependant certaines coutumes sans qu'elles soient forcément de son goût. Il n'est pas le chef, il n'est pas un objet de culte de l'Église, il ne se met pas en avant. Il n'est que le représentant d'un autre, du seul qu'il faille aimer, du seul en qui on doit croire, de Jésus-Christ, la Parole de Dieu faite homme.

Benoît XVI est, après Jean-Paul II, le second souverain pontife à prendre la parole dans une mosquée. Mais le pape allemand est le premier à participer à un service protestant. La visite du plus haut dignitaire de l'Église catholique dans un lieu lié à Luther est un geste historique sans précédent. Il nomme, encore une innovation, un protestant à la présidence de l'Académie pontificale des sciences, appelle un musulman comme professeur à l'université pontificale. En même temps, par sa puissance théologique et intellectuelle, il porte le pontificat à un niveau qui rend l'Église catholique attirante même pour ceux qui lui sont jusque-là restés extérieurs. Notamment grâce à trois cycles thématiques au contenu très fort, l'Année de saint Paul, l'Année des prêtres et l'Année de la foi. L'autorisation qu'il donne aux prêtres par le motu proprio *Summorum Pontificum* de pouvoir recommencer à célébrer la messe selon l'ancien rite tridentin sans avoir au préalable à obtenir l'accord d'un évêque n'est pas un retour en arrière ; c'est un acte d'ouverture, de liberté.

Benoît XVI n'a pas récolté que des succès. Et indéniablement, ce pontificat n'a pas épuisé tout le potentiel qu'avait à offrir la personne de ce pape. À maintes reprises, l'attitude des évêques et de certaines parties de l'appareil pontifical a pu apparaître comme un rejet. Ou du moins comme un manque de soutien. Benoît l'a accepté avec humilité. Il a même toléré les traîtres, à l'image de son Seigneur. Pour autant, était-il vraiment le pape faible dépeint par ses adversaires, son pontificat n'a-t-il véritablement été qu'une succession de scandales ?

Ratzinger a été pris sous le feu continu d'innombrables articles de presse et d'attaques médiatiques à n'en plus finir. Il a accepté cela calmement. « Si un pape ne suscitait que l'approbation, a-t-il répliqué, il devrait se demander s'il n'y a pas quelque chose qu'il ne fait pas correctement. » En réalité pourtant, ces critiques incessantes dont il a fait l'objet de la part des grands organes de presse qui ne cherchaient qu'à imposer leurs propres idées ont constitué l'un des grands fardeaux de son pontificat. Peu importait de ce point de vue que ces accusations fussent justifiées ou non.

Pour n'évoquer que les « scandales » les plus rebattus :

Le pape aurait, entend-on encore aujourd'hui, « réintégré un négationniste dans l'Église catholique » en la personne de l'évêque Richard Williamson, membre de la Fraternité Saint-Pie-X. En effet, cette annonce faite en janvier 2009 a marqué un tournant dans le jugement jusqu'alors extrêmement positif que l'opinion publique portait sur le travail du pape. Cette interprétation des faits est pourtant complètement erronée : Williamson n'était pas catholique, et la Fraternité, sans statut de droit canonique, n'a pas été réhabilitée. Le thème du rapprochement entre juifs et chrétiens faisait au demeurant partie des principales préoccupations de Ratzinger. Sans lui, a déclaré Israel Singer, secrétaire général du Congrès juif mondial entre 2001 et 2007, le tournant décisif, historique même, dans les relations de l'Église catholique avec le judaïsme depuis deux mille ans n'aurait pas été possible. Sous Benoît XVI, comme l'a résumé Maram Stern, vice-président du Congrès juif mondial, cette relation est devenue meilleure « que jamais dans l'histoire ».

Il faut cependant reconnaître l'existence d'un grand nombre de négligences et de fautes, surtout de la part des autorités compétentes des différents pays, dans le scandale des abus sexuels commis par des prêtres et des religieux sur des mineurs. Mais cela fait longtemps que l'on s'accorde également à penser que, sans Benoît XVI, cette crise, l'une des plus graves de l'histoire de l'Église catholique, aurait provoqué des dégâts bien pires encore. Dès qu'il a été nommé préfet, Ratzinger a fait adopter des mesures permettant d'enquêter en profondeur sur les cas de ce genre et de sanctionner les coupables. Devenu pape, il a congédié quatre cents prêtres et a défini des règles du droit ecclésiastique permettant d'engager des poursuites contre des évêques et des cardinaux désireux d'étouffer des affaires.

Et l'affaire des Vatileaks ? Il ne faut pas la minimiser. Ces événements sont révélateurs de dysfonctionnements fâcheux à différents échelons de la direction de l'Église universelle. Mais en définitive, de la supposée « conjuration du Vatican » il ne reste guère que le vol de documents par un majordome malade. S'agissant de la banque si contestée du Vatican, l'IOR, Benoît XVI a demandé un vaste audit et imposé une réorganisation. Il a surtout étendu l'enquête à tous les milieux concernés. Le rapport de la commission n'a pas été rendu public, mais ses conclusions sont nettement moins dramatiques qu'on le prétend.

Les partisans de Benoît XVI ont bien des raisons de le regretter : ses allocutions si intelligentes, capables de rafraîchir la raison et de réchauffer le cœur ; la richesse de sa langue ; l'honnêteté de ses analyses ; l'infinie patience avec laquelle il savait écouter les autres ; l'élévation, qu'il a incarnée comme peu d'autres hommes d'Église. Et bien sûr aussi, son sourire timide, sa démarche parfois un peu gauche, évoquant celle d'un Charlie Chaplin, quand il montait à la tribune. Et surtout, l'importance extrême qu'il attache à la raison, laquelle, garante de la foi, préserve la religion chrétienne de toute dérive, des fantasmes et du fanatisme. Enfin, surtout, sa modernité que beaucoup n'ont pas su ou pas voulu reconnaître. Il lui est resté fidèle, également dans sa disposition à accomplir des actes que personne n'avait entrepris avant lui.

Malgré l'abondance d'écrits, de sermons, de méditations, de correspondance – il existe 30 000 lettres de sa plume antérieures à son élévation à l'épiscopat –, Joseph Ratzinger n'a jamais élaboré de doctrine personnelle. Dans son travail de théologien, il a repris ce qui existait, en a extrait la substantifique moelle, l'a réorganisé pour le replacer dans le contexte du temps et en a donné une expression nouvelle – afin de sauvegarder le message de l'Évangile et la connaissance de l'histoire du christianisme pour les générations à venir. L'importance qu'il a accordée, ce faisant, à l'Église permet de mieux comprendre la lutte qu'il a livrée pour cette Église – afin qu'elle reste le vaisseau salvateur, une arche de Noé pour la transmission d'un monde meilleur. Il appelle cela la « radicalité eschatologique de la révolution chrétienne ».

L'ouvrage en trois volumes qu'il a consacré au Christ suffit à rendre ce pontificat unique. Benoît XVI a offert l'incontournable vade-mecum pour l'avenir de la théologie, de la catéchèse et de la formation des prêtres, bref, le fondement de la doctrine de la foi pour le troisième millénaire. Ce n'était pas dans une chaire universitaire mais bien dans celle de saint Pierre que la boucle pouvait être bouclée. Nul autre ne possédait la culture, les antécédents, la force et l'inspiration nécessaires pour restaurer avec une méticulosité scientifique et un réalisme mystique l'image de Jésus, égratignée à en être méconnaissable, et la rendre à l'humanité.

L'historien anglais Peter Watson range Benoît XVI aux côtés de Lessing, Kant et Beethoven parmi les derniers représentants du « génie allemand ». Pour l'écrivain péruvien Mario Vargas Llosa, prix Nobel de littérature, c'est l'un des plus grands intellectuels de notre temps, dont les « réflexions nouvelles et audacieuses » répondent aux problèmes moraux, culturels et existentiels de notre époque. À long terme, c'est l'histoire qui jugera de la place qu'il faut accorder à ce pape. Mais une chose est déjà sûre : nul autre n'a occupé aussi longtemps, pendant plus de trente ans, des fonctions de haut rang à la tête de la plus grande et de la plus ancienne institution du monde. Par ses contributions au Concile, par la vivification de la doctrine, la purification et la consolidation de l'Église, il n'a pas seulement renouvelé la foi, il a également été, à travers son œuvre de théologien au Saint-Siège, l'un des papes les plus importants, le dernier docteur de l'Église moderne. Le geste historique de sa renonciation n'a pas seulement transformé fondamentalement la fonction du ministère pétrinien. Il lui a rendu sa dimension spirituelle des origines.

Avec le départ de Benoît XVI, c'est la fin d'une époque, peut-être même la fin d'une ère, un de ces moments qui marquent un tournant majeur de l'histoire dans la succession des millénaires. Les huit années de son pontificat ont été semblables aux grands exercices spirituels dont l'Église avait besoin pour consolider sa forteresse intérieure et renforcer son âme. En ce sens, le dernier pape d'une époque en déclin a bâti le pont permettant l'avènement d'une ère nouvelle – quel que soit l'aspect qu'elle prendra. Benoît XVI, comme le résume son successeur, a été « un grand pape » : « grand par la force et la pénétration de son intelligence, grand par sa contribution majeure à la théologie, grand par son amour à l'égard de l'Église et des êtres humains, grand par sa vertu et sa religiosité ». « Cet esprit, a déclaré le pape François, loin de s'effriter avec l'usure du temps, apparaîtra toujours plus grand et puissant de génération en génération. »

Les entretiens qui suivent se sont tenus peu avant et peu après son retrait. Ils ont été menés dans l'optique de la préparation d'une biographie et offrent une ultime image d'une des personnalités les plus fascinantes de notre temps. La publication de ce texte a été autorisée par le pape émérite Benoît. Puisse ce livre contribuer modestement à corriger les idées fausses, à apporter la lumière dans les ténèbres, notamment sur les circonstances de sa renonciation qui a coupé le souffle au monde entier. Il s'agit en définitive de mieux comprendre l'homme Joseph Ratzinger et le pasteur Benoît XVI, rendre hommage à sa sainteté et, surtout, maintenir l'accès à son œuvre qui recèle un trésor pour l'avenir.

Peter Seewald

PREMIÈRE PARTIE

LES CLOCHES DE ROME

Jours tranquilles à Mater Ecclesiae

Papa Benedetto, vous avez été acclamé en tant que Saint Père par des millions de personnes, vous avez vécu dans un palais, vous avez reçu les grands de ce monde. Cela ne vous manque-t-il pas ?

Absolument pas, non ! Au contraire, je rends grâce à Dieu d'avoir été déchargé de cette responsabilité que je ne pouvais plus assumer. D'être désormais libre de suivre humblement, quotidiennement, mon chemin avec Lui, de vivre parmi des amis et de recevoir leur visite.

Dépouillé soudain de tout pouvoir, presque enfermé derrière les murs du Vatican – comment vit-on cela ?

En tout état de cause, je n'ai jamais considéré le « pouvoir » comme une force, mais comme une responsabilité, comme un poids accablant. Quelque chose qui vous oblige à vous demander tous les jours : Ai-je été à la hauteur ? Même sous les acclamations de la foule, j'ai toujours su que celles-ci ne s'adressaient pas à ce misérable petit homme, mais à Celui que je représentais. Je n'ai donc aucun mal à y renoncer.

Vous aviez fait savoir de bonne heure que votre pontificat risquait d'être court. Ne fût-ce qu'en raison de votre âge, de votre état de santé.

J'avais l'impression de ne pas être très solide, en effet.

Vous serez finalement resté huit ans, soit bien plus longtemps qu'un grand nombre de vos prédécesseurs. Une question préalable : votre impression n'a-t-elle pas forcément influencé le programme de votre pontificat ?

C'est évident. Je n'ai pas pu m'atteler à des tâches de longue haleine. Il faut avoir du temps devant soi pour se lancer dans une telle entreprise. J'étais conscient que ma charge était d'une autre nature, que je devais avant tout chercher à révéler la signification de la foi dans le monde d'aujourd'hui, mettre en évidence la centralité de la foi en Dieu et donner aux hommes le courage de croire, le courage de vivre concrètement leur foi dans ce monde. La foi, la raison, voilà où résidait ma mission à mes yeux. La durée de mon pontificat n'avait pas d'importance pour cela.

Y a-t-il eu un moment où vous avez prié Dieu : « Emporte-moi, je n'en peux plus, je n'ai plus la force de continuer » ?

En ces termes, non. Bien sûr, j'ai prié Dieu – à propos de l'affaire Williamson, notamment – de me libérer et de m'aider, cela, oui. En même temps, je savais que c'était Lui qui m'avait placé là et qu'Il ne me laisserait pas tomber.

N'avez-vous jamais songé à rejeter tout ce fardeau ? à ne plus servir constamment et exclusivement, à ne plus assumer des obligations à n'en plus finir, toute la routine accablante d'une fonction ? à n'être plus qu'un homme ?

Si bien sûr. À l'époque où j'étais cardinal préfet* surtout, il m'est souvent arrivé de le dire au pape. Mais Jean-Paul II me répondait : « Non, continuez ! »

---

* Préfet de la Congrégation pour la Doctrine de la foi, fonction à laquelle Joseph Ratzinger a été nommé par Jean-Paul II en 1981 (N.d.T.).

Ne vous êtes-vous pas également demandé si vous deviez accepter votre élection ?

C'est effectivement une question que je me suis posée très sérieusement. Mais j'ai été impressionné par le fait que de nombreux cardinaux pendant le préconclave exhortaient d'avance, en quelque sorte, le futur élu à accepter le vote de la majorité des deux tiers – même s'il ne se sentait pas capable de porter cette croix – et d'y voir un signe. Une obligation intérieure. Cet appel a été prononcé avec tant de sérieux et de grandeur que je me suis dit que si, véritablement, la majorité des cardinaux procédait à ce vote, ce serait un vote du Seigneur et qu'il me faudrait l'accepter.

Ne vous êtes-vous jamais demandé : j'ai peut-être été un mauvais choix ?

Non. Les cardinaux vous ont élu, alors vous faites votre travail. L'important n'est pas le jugement des journalistes, mais celui de Dieu.

Votre plus grand désir était de pouvoir vivre uniquement dans la contemplation et la prière. Pouvez-vous le faire à présent ?

Pas entièrement. D'abord, par manque de force psychique : je ne suis tout simplement pas assez fort intérieurement pour me consacrer entièrement aux choses divines et spirituelles. S'y ajoute une raison extérieure : les visites que je reçois. Je crois qu'il est bon d'échanger avec ceux qui portent aujourd'hui l'Église ou qui jouent un rôle dans ma vie, de rester en quelque sorte ancré dans les choses humaines. Par ailleurs, mes forces physiques ne me permettent pas non plus de rester dans les hautes sphères en permanence. C'est donc un vœu irréalisable. Mais il est vrai que je jouis d'une grande liberté intérieure pour cela, ce qui est déjà extrêmement précieux.

Écrirez-vous encore ?

Non ! Non, non, après Noël, j'ai su que c'était désormais *Nunc dimittis*[1], j'ai accompli mon œuvre.

Avez-vous tenu un journal, des carnets de notes ?

Pas de journal, non, mais il m'est arrivé par moments de noter des méditations. Je m'apprête cependant à les jeter.

Pourquoi ?

(Il sourit.) Parce que c'est trop personnel.

Mais ce serait tout de même...

Une aubaine pour les historiens.

Vous avez produit une œuvre théologique considérable, plus importante qu'aucun pape avant vous. Vos livres se sont vendus à plusieurs millions d'exemplaires. N'est-il pas terriblement difficile pour vous de renoncer à prendre la plume ?

Pas du tout, non. En réalité, je prépare chaque semaine mon homélie du dimanche. J'ai donc un travail intellectuel à accomplir, une exégèse à faire. De toute façon, je ne pourrais plus écrire. Cela exige un travail préalable méthodique qui me serait trop pénible aujourd'hui.

Vous rédigez des homélies pour quatre, cinq personnes ?

Pourquoi pas ? (Il rit.) Oui ! Qu'ils soient trois, vingt ou mille, il faut que la Parole de Dieu soit toujours présente pour les hommes.

Y a-t-il des choses que vous tenez encore à accomplir ?

Si vous entendez par là léguer encore quelque chose aux hommes, je vous répondrai « non ». En revanche, je veux poursuivre mon service dans la prière.

Votre succession ?

Après avoir récrit plusieurs fois mon testament, j'en ai maintenant la version définitive.

Un testament théologique ?

Non, non. (Il rit.) Non, les affaires que j'ai et que je lègue.

À quoi ressemble la méditation d'un pape émérite ? Y a-t-il certains exercices spirituels que vous appréciez particulièrement aujourd'hui, qui vous sont précieux ?

Je peux à présent dire le bréviaire de façon plus approfondie, plus lente, et cultiver ainsi davantage mon amitié avec les psaumes, avec les Pères. Et comme je l'ai dit, je prononce tous les dimanches une petite homélie. Toute la semaine durant, je tourne un peu mes pensées vers elle, je les laisse mûrir assez lentement pour pouvoir explorer un texte sous ses différents aspects. Que me dit-il ? Que dit-il à ceux qui sont ici, au monastère ? Voilà ce qui est vraiment nouveau pour moi, si je puis dire : pouvoir m'absorber avec encore plus de calme dans la prière avec les psaumes, me familiariser encore davantage avec eux. Et qu'ainsi, les textes de la liturgie, et surtout les textes dominicaux, m'accompagnent toute la semaine.

Avez-vous une prière préférée ?

Plusieurs, en réalité. D'abord celle de saint Ignace : « Seigneur, prends toute ma liberté... » Et puis une autre de François-Xavier : « Je t'aime non parce que tu peux me donner ton paradis ou me condamner à l'enfer, mais parce que tu es mon Dieu. Je t'aime parce que tu es toi. » Ou encore celle de Nicolas de Flue : « Prends-moi comme je suis... » Et puis, j'aime tout particulièrement la « prière universelle[2] » de Pierre Canisius du XVIᵉ siècle – je l'aurais bien vue dans le « Gotteslob* » mais j'ai oublié de la proposer. Elle a conservé toute son actualité et toute sa beauté.

Votre lieu de prière préféré ?

Je répondrai évidemment Altötting.

Le point central de vos réflexions a toujours été la rencontre personnelle avec le Christ. Où en êtes-vous ? Quelle est votre proximité avec Jésus ?

(Il prend une profonde inspiration.) Cela varie évidemment en fonction de la situation, mais dans la liturgie, la prière, les méditations pour le sermon dominical, je Le vois directement devant moi. Il n'en reste pas moins toujours grand et mystérieux. Il y a de nombreuses paroles de l'Évangile dont je ressens la grandeur

---

* Il s'agit du livre de prières et de cantiques commun à toutes les paroisses catholiques de langue allemande (à l'exception de la Suisse). Une nouvelle version en a été publiée en 2013 (N.d.T.).

et le poids avec plus de force qu'autrefois. Cela me fait penser à un épisode du temps où j'étais vicaire. Un jour, Romano Guardini avait été invité chez le pasteur évangélique voisin et il lui a dit : « Quand on vieillit, les choses ne deviennent pas plus légères mais plus lourdes. » Cette phrase avait alors beaucoup ému et touché le pasteur. Il y a du vrai là-dedans. D'une part, on a évidemment plus d'entraînement, si l'on peut dire. La vie a désormais sa forme. Les décisions fondamentales ont été prises. D'autre part, on ressent avec beaucoup plus de force la gravité des questions, et celle de l'impiété actuelle, le poids de l'absence de foi jusque dans les profondeurs de l'Église, mais aussi, en contrepartie, la grandeur des paroles de Jésus-Christ, qui se dérobent plus souvent à l'interprétation qu'auparavant.

Est-ce lié à une perte de la proximité avec Dieu ? Ou à un doute ?

Le doute, non, mais on sent à quel point on est éloigné de la grandeur du mystère. Bien sûr, on accède également à de nouvelles révélations. Je trouve cela très émouvant, très réconfortant. En même temps, on prend conscience que l'on n'a jamais fini d'explorer la Parole. Certaines paroles de colère, de rejet, de menace de procès précisément vous paraissent inquiétantes, plus violentes et plus importantes qu'autrefois.

On imagine le pape, le représentant du Christ sur terre, entretenant une relation particulièrement étroite, intime avec le Seigneur.

Oui, il devrait en être ainsi, et je n'ai d'ailleurs pas le sentiment qu'Il est loin. Je peux toujours parler intérieurement avec Lui. Il n'empêche que je suis un misérable petit homme, qui ne L'atteint pas dans tous les cas.

Connaissez-vous aussi des « nuits de ténèbres », celles dont parlent tant de saints ?

Pas avec une telle violence. Peut-être ne suis-je pas suffisamment saint pour m'enfoncer aussi profondément dans les ténèbres. Il n'en est pas moins vrai qu'en voyant se produire autour de nous des événements humains dont on se demande comment Dieu peut les permettre, on se pose de graves questions. Il faut alors s'accrocher à la conviction qu'Il sait mieux que nous.

Vous n'avez jamais connu de « nuits de ténèbres » au cours de votre vie ?

Disons que les ténèbres n'ont jamais été complètes, mais dans certaines circonstances, on a du mal à comprendre ce que veut véritablement Dieu, pourquoi le mal est aussi présent, par exemple, comment ce peut être compatible avec sa toute-puissance, avec sa bonté. Ces questions-là vous assaillent de façon récurrente.

Comment affronte-t-on ces problèmes de foi ?

D'abord en ne renonçant jamais à la certitude fondamentale de la foi, en se situant à l'intérieur d'elle en quelque sorte. Et en sachant que si je ne comprends pas quelque chose, ce n'est pas parce que c'est faux, mais à cause de ma petitesse. Dans plus d'un cas, je m'en suis approché progressivement. Parvenir soudain à distinguer quelque chose qui ne vous était pas encore apparu est toujours un cadeau. On se rend compte qu'on doit être humble, que si les paroles des Écritures vous restent fermées, il faut attendre que le Seigneur vous les ouvre.

Les ouvre-t-Il ?

Pas toujours. Mais l'existence de certains moments d'ouverture révèle cette grandeur.

Un pape émérite a-t-il lui aussi peur de la mort ? Ou peur de mourir, du moins ?

Dans une certaine mesure, oui. Il y a d'abord la crainte d'être une charge pour autrui en raison d'une longue période d'invalidité. Pour moi, ce serait très attristant. C'est une chose que mon père a toujours redoutée, lui aussi, mais cette épreuve lui a été épargnée. Ensuite, bien que je pense en toute confiance que Dieu ne me rejettera pas, plus on s'approche de Lui, plus on ressent avec force tout ce que l'on n'a pas bien fait. D'où le poids de la faute qui vous oppresse, même si la confiance de fond est toujours présente, évidemment.

Qu'est-ce qui vous accable ?

De ne pas avoir toujours traité les gens de façon satisfaisante, juste. Ah ! il y a tant de détails, pas de grandes choses, Dieu merci, mais tant de petites à propos desquelles il faut bien convenir qu'on aurait pu, qu'on aurait dû mieux faire. Que l'on n'a pas su apprécier les gens, la situation, à leur juste valeur.

Quand vous vous trouverez devant le Tout-Puissant, que Lui direz-vous ?

Je lui demanderai d'être indulgent à l'égard de ma misère.

Le croyant espère que la « vie éternelle » est une vie accomplie.

Absolument, oui ! Il est arrivé à la maison pour de bon.

Et vous, qu'attendez-vous ?

Je distinguerais plusieurs niveaux. D'abord le plus théologique. Ce que dit saint Augustin m'apporte un grand réconfort. C'est aussi une grande pensée. Il interprète la parole du psaume « Recherchez toujours sa face » en disant : ce « toujours » vaut pour l'éternité entière. Dieu est si grand que nous n'aurons jamais fini. Il est toujours nouveau. C'est un mouvement perpétuel, infini, de nouvelle découverte et de nouvelle joie. Ce sont des choses qui théologiquement vous travaillent. S'y ajoute un niveau tout à fait humain : je me réjouis de retrouver mes parents, mon frère et ma sœur, mes amis et d'imaginer que tout sera de nouveau aussi beau que chez nous, à la maison.

L'eschatologie, la science des « choses ultimes » — la mort, le purgatoire, le commencement d'un monde nouveau —, est l'un de vos thèmes fondamentaux. C'est sur ce thème que vous avez écrit, avez-vous dit, votre livre le plus accompli. Aujourd'hui, alors que vous vous trouvez vous-même directement confronté aux questions eschatologiques, pouvez-vous tirer profit de votre travail théologique ?

Bien sûr. Les réflexions que j'ai consacrées au purgatoire, à la nature de la souffrance, à sa signification et aussi au caractère collectif de la béatitude, à cette immersion dans l'immense océan de la joie et de l'amour ont une grande importance pour moi.

Diriez-vous que vous êtes un homme éclairé ?

Non, pas du tout ! (Il rit.) Non.

Mais l'illumination n'est-elle pas, avec la sainteté, un des objectifs établis de la vie catholique chrétienne ?

La notion d'« éclairé » a quelque chose d'un peu élitiste. Je suis un chrétien tout à fait normal. Il s'agit bien sûr de reconnaître la vérité, qui est une lumière. Grâce à la foi, les hommes les plus simples sont éclairés, eux aussi. Parce qu'ils voient ce que d'autres, si intelligents soient-ils, ne perçoivent pas. En ce sens, la foi est une illumination. Chez les Grecs, le baptême s'appelait *photismos*, illumination, l'accession à la lumière, à la vision. Mes yeux s'ouvrent. Je vois cette dimension tout à fait différente, invisible aux seuls yeux de mon corps.

La renonciation

Venons-en à la décision qui suffit à prêter un caractère historique à votre pontificat. Pour la première fois de l'histoire de l'Église, avec votre démission, un souverain pontife en exercice a renoncé à sa charge. Par cet acte révolutionnaire, vous avez transformé la papauté plus que quiconque depuis des siècles. Elle est devenue plus moderne, plus humaine aussi en un sens, plus proche des origines de saint Pierre. Dès 2010, vous déclariez dans notre entretien Lumière du monde : « *Quand un pape en vient à reconnaître que physiquement, psychiquement et spirituellement, il ne peut plus assumer la charge de son ministère, alors il a le droit et selon les circonstances le devoir de se retirer*.* » *Cette décision a-t-elle exigé une lutte intérieure plus violente ?*

(Il prend une profonde inspiration.) Ce n'est pas très facile, indéniablement. Après mille années sans qu'aucun pape se soit retiré et alors que le cas était déjà exceptionnel au cours du premier millénaire, c'est une décision que l'on ne prend pas aisément et que l'on est bien obligé de tourner et retourner dans sa tête. D'un autre côté, c'était pour moi d'une telle évidence que la lutte intérieure n'a pas été très âpre. Une conscience

---

* Titre original : *Licht der Welt*, trad. fr. N. Casanova et O. Mannoni, Paris, Bayard, 2010, p. 51.

de la responsabilité que l'on prend et de sa gravité, qui réclame l'examen le plus minutieux et doit être pesée encore et encore devant Dieu et devant soi-même, oui, bien sûr, mais je ne dirais pas que cela a été un déchirement pour moi.

Aviez-vous prévu que votre décision susciterait également de la déception, et même du désarroi ?

Cette réaction a peut-être été plus forte que je ne l'aurais pensé ; des amis, des gens pour qui mon message avait été un appui, pour qui il avait été important et porteur d'avenir, ont été sincèrement bouleversés pendant un moment et se sont sentis abandonnés.

Vous aviez pris ce choc en compte ?

J'avais dû l'envisager, oui.

Cela doit exiger une force incroyable.

On est aidé dans ce genre de cas. Et puis je savais que je devais le faire et que c'était le bon moment. Les gens ont fini par l'admettre. Beaucoup apprécient que le nouveau pape s'adresse à eux dans un style différent. D'autres éprouvent peut-être encore quelques regrets, mais ils finissent par m'en savoir gré, eux aussi. Ils savent que mon heure était passée et que ce que je pouvais donner l'avait été.

Quand avez-vous définitivement pris votre décision ?

Au moment des grandes vacances de 2012, je crois.

En août ?

Approximativement, oui.

Étiez-vous déprimé ?

Déprimé, non, mais je n'étais pas très en forme. Et j'avais constaté que mon voyage au Mexique et à Cuba m'avait beaucoup fatigué. Le médecin lui-même m'a déconseillé d'entreprendre une nouvelle traversée de l'Atlantique. Si le calendrier normal avait été respecté, les Journées mondiales de la jeunesse de Rio de Janeiro n'auraient dû avoir lieu qu'en 2014. Mais on les a avancées à cause de la Coupe du monde de football. Je tenais à me retirer à temps pour que le nouveau pape puisse se préparer pour Rio. J'ai donc mûri cette décision progressivement après mon voyage au Mexique et à Cuba. Autrement, j'aurais essayé de tenir bon jusqu'en 2014. Mais dans ces conditions, je savais que ce serait au-dessus de mes forces.

Comment arrive-t-on à prendre une décision de cette portée sans en parler à personne ?

On en parle abondamment à Dieu.

Votre frère était-il au courant ?

Pas tout de suite. Mais oui, oui.

Peu de temps encore avant votre annonce, quatre personnes seulement étaient dans le secret. Y avait-il une raison à cela ?

Oui, bien sûr. Dès l'instant où on l'aurait su, je n'aurais plus pu remplir ma mission, parce que mon autorité se serait effritée. Il était essentiel que je puisse honorer réellement mes fonctions et faire pleinement mon devoir jusqu'au bout.

Aviez-vous peur que quelqu'un ne réussisse à vous dissuader de mener cette démarche à bien ?

Non (rire amusé), un peu, peut-être, mais ce n'était pas une vraie crainte, parce que j'avais la certitude intérieure que je devais le faire. En pareil cas, personne ne saurait vous en dissuader.

Quand et par qui le texte de votre déclaration de renonciation a-t-il été rédigé ?

Par moi. Je ne saurais plus vous dire exactement quand, mais j'ai dû l'écrire deux semaines avant tout au plus.

Pourquoi en latin ?

Parce qu'une démarche aussi importante se fait en latin. De plus, je maîtrise suffisamment bien le latin pour pouvoir l'écrire correctement. J'aurais évidemment aussi pu l'écrire en italien, mais il risquait d'y avoir quelques fautes.

Au départ, vous aviez l'intention de vous retirer dès le mois de décembre, mais vous avez finalement choisi le 11 février, le « Rosenmontag », la fête de la Vierge de Lourdes. Faut-il y voir une signification symbolique ?*

Je ne savais pas que c'était le « Rosenmontag », ce qui a provoqué une certaine confusion en Allemagne. C'était l'anniversaire de l'apparition de la Vierge Marie à Lourdes. La fête de Bernadette de Lourdes tombe, quant à elle, le jour de mon anniversaire. Il y a donc

---

* Le « lundi des roses », nom donné en Allemagne au lundi précédant le mardi gras et qui constitue un temps fort du carnaval (N.d.T.).

des liens, et il me paraissait opportun de me retirer ce jour-là.

Le moment est donc…

… cohérent, oui.

Quel souvenir gardez-vous de cette journée historique ? On peut imaginer que vous n'avez pas particulièrement bien dormi la nuit précédente.

Pas trop mal non plus. L'opinion publique y a évidemment vu une démarche nouvelle, d'une importance considérable, comme on a pu le constater. Pour ma part, je m'étais déjà livré à une longue lutte intérieure et ce combat-là était en quelque sorte derrière moi. Cette journée n'a donc pas été particulièrement douloureuse pour moi.

C'était un matin comme les autres, qui s'est déroulé de la même manière ?

Il me semble que oui.

Les mêmes prières…

Les mêmes prières, certaines évidemment avec une intensité particulière en vue de ce moment-là.

Vous ne vous êtes pas levé plus tôt, vous n'avez pas pris votre petit déjeuner plus tard ?

Non, non.

Soixante-dix cardinaux étaient assis en U dans l'immense salle qui porte le beau nom de « Sala del Concistoro ».

Ce consistoire avait été fixé pour annoncer un certain nombre de canonisations. Quand vous êtes entré dans la salle, personne ne pouvait donc prévoir ce qui allait se passer.

Plusieurs canonisations étaient au programme, en effet.

C'est alors qu'à la stupéfaction générale vous avez commencé à parler en latin : « Chers cardinaux, je ne vous ai pas seulement rassemblés pour vous faire participer aux canonisations. J'ai une communication encore plus importante à vous faire. » Ils étaient déjà tous déconcertés. Quand vous avez prononcé votre déclaration, certains visages se sont pétrifiés, d'autres ont paru incrédules, désemparés, choqués. Ce n'est qu'au moment où le doyen des cardinaux, Angelo Sodano, a pris la parole que tous ont réellement compris ce qui se passait. Vous a-t-on adressé la parole ou même assailli de questions juste après ?

(Il rit.) Non. De toute façon, cela n'aurait pas été possible. Après le consistoire, le pape sort solennellement, personne ne peut se précipiter sur lui. En pareil cas, le pape est souverain.

Qu'est-ce qui vous a traversé l'esprit ce jour-là, un jour historique ?

Je me suis évidemment demandé comment réagirait l'humanité, comment elle allait le prendre. Chez moi, bien sûr, ça a été un jour de tristesse. Pendant toute la journée, je me suis particulièrement attaché à me tenir face au Seigneur. Mais il n'y a rien eu de particulier.

Dans votre déclaration de renonciation, vous justifiez votre décision d'abandonner vos fonctions par la disparition de vos forces. L'amoindrissement de la capacité d'agir est-elle vraiment un motif suffisant pour quitter le siège de saint Pierre ?

On peut évidemment y voir une erreur d'interprétation fonctionnaliste et m'en faire le reproche. En effet, la succession de saint Pierre n'est pas uniquement liée à une fonction, elle touche à l'être lui-même. La fonction n'est donc pas le seul critère. D'un autre côté, le pape est tenu d'accomplir un certain nombre d'actes concrets, il doit garder un œil sur tout ce qui se passe, définir les priorités, etc. Depuis l'accueil de chefs d'État, la réception des évêques avec lesquels il faut être en mesure de nouer une discussion vraiment intime, jusqu'aux décisions à prendre quotidiennement. Même si l'on prétend pouvoir supprimer un certain nombre de tâches, il en reste tant, et elles sont tellement importantes que si l'on veut remplir sa mission correctement, les choses sont claires : à partir du moment où l'on n'a plus la capacité de le faire, il s'impose – à mes yeux en tout cas, on peut voir les choses autrement – de libérer ce siège.

Le cardinal Reginald Pole (1500-1558) auquel vous avez fait allusion lors d'une conférence déclare dans sa théologie de la Croix : la Croix est le véritable lieu du représentant qu'est le Christ. Il y a donc selon lui une structure martyrologique de la primauté pontificale.

Cela m'a beaucoup ému à l'époque. J'ai fait rédiger une thèse sur lui. Cela reste vrai, dans la mesure où le pape est tenu de porter témoignage tous les jours, que tous les jours il est livré à la Croix et qu'il y aura toujours des martyrs, au sens de la souffrance du monde et de ses problèmes. C'est très important. Si un pape suscitait une approbation immuable, il serait en droit de se demander s'il n'y a pas quelque chose qu'il ne fait pas correctement. Car dans ce monde, le message du Christ est un scandale, à commencer par le Christ lui-même. Il y aura toujours de la contradiction, et le pape sera toujours signe de contradiction. C'est un de ses critères. Ce qui ne veut pas dire qu'il doive mourir sous le couperet.

Avez-vous cherché à éviter d'être contraint de vous présenter au monde comme votre prédécesseur ?

Mon prédécesseur avait sa propre mission. Je suis convaincu que — alors qu'il avait assumé ses fonctions avec une force immense, qu'il avait en quelque sorte porté l'humanité sur ses épaules, assumé pendant vingt ans, avec une énergie incroyable, les souffrances et les fardeaux du siècle, qu'il avait proclamé le message — il y avait une phase de souffrance en quelque sorte propre à ce pontificat. Et qu'elle représentait un message personnel. C'est d'ailleurs ainsi que les gens l'ont perçu. Ce n'est véritablement que sous son visage de douleur qu'il leur est devenu aussi cher. Quand on est ouvert, on approche la profondeur même de l'homme. Cela a donc un sens, absolument. J'étais cependant convaincu que ce n'est pas une chose que l'on doive reproduire à discrétion. Et qu'après un pontificat de huit ans, il est peut-être préférable de ne pas ajouter huit nouvelles années durant lesquelles on se présentera sous ce jour.

Vous dites qu'avant de prendre cette décision vous en avez discuté. Avec votre grand patron en l'occurrence. Comment cela se passe-t-il ?

Il faut Lui présenter la situation de la manière la plus claire possible et chercher à ne pas avancer seulement des raisons d'efficacité ou d'autres motifs de cette nature pour justifier le renoncement à ses fonctions. Il convient aussi de le considérer sous l'angle de la foi. Et c'est précisément dans cette perspective que je suis arrivé à la conviction que le ministère pétrinien exigeait de moi des décisions, des discernements concrets, mais que, dans la mesure où je risquais de n'en être plus capable dans un avenir proche, le Seigneur ne me le demandait pas et qu'il me libérait en quelque sorte de ma charge.

On a parlé d'une « expérience mystique » qui vous aurait incité à entreprendre cette démarche.

C'était un malentendu.

Vous êtes parfaitement d'accord avec le Seigneur ?

Oui, tout à fait.

Avez-vous eu le sentiment que votre pontificat s'était épuisé, qu'il n'allait plus vraiment de l'avant ? ou que peut-être la personne du pape n'était plus la solution, mais le problème ?

Non, pas sous cette forme. J'étais évidemment conscient de ne plus pouvoir donner beaucoup. Mais que j'aie pu être un problème pour l'Église, non, ce n'était pas et ce n'est toujours pas mon avis.

La déception que vous a infligée votre propre entourage, le manque de soutien que vous avez ressenti ont-ils joué un rôle ?

Non, pas non plus. L'affaire Paolo Gabriele a été malheureuse, c'est un fait. Mais pour commencer, je n'y étais pour rien – les instances avaient vérifié son dossier et lui avaient confié ce poste –, ensuite, ce sont des choses qui arrivent humainement. Je n'ai pas conscience d'avoir commis la moindre faute.

Cela n'a pas empêché les médias italiens de se demander s'il ne fallait pas chercher la véritable raison de votre renonciation dans l'affaire des Vatileaks, qui n'incluait pas seulement le cas de Paolo Gabriele, mais aussi les problèmes financiers et les intrigues au sein de la Curie. En fin de compte, le rapport d'enquête de trois cents pages concernant toutes ces affaires vous aurait bouleversé au point que vous n'auriez pas vu d'autre issue que de laisser la place à un autre.

Non, ce n'est pas exact, pas du tout. Au contraire, ces affaires étaient entièrement réglées. J'ai affirmé à l'époque, il me semble que c'était à vous, que l'on ne doit pas se retirer quand les choses vont mal et qu'il faut attendre qu'elles soient réglées. J'ai pu me retirer parce que le calme était revenu sur ce plan. Il n'y a pas eu de reculade sous la pression, ni de fuite parce que je n'aurais plus été capable de venir à bout de ces affaires.

Certains journaux sont allés jusqu'à parler de chantage ou de complot.

C'est complètement absurde. Il est franchement déplaisant, j'en conviens, qu'un homme, quelles que soient ses raisons, ait imaginé devoir provoquer un scandale pour purifier l'Église. Mais personne n'a essayé de me faire chanter. D'ailleurs, je ne m'y serais pas prêté. S'il y avait eu une telle tentative, je me serais refusé à partir, justement, parce qu'il est inadmissible de céder à la pression. Il n'y a pas lieu non plus de parler de déception, ni de je ne sais quoi. Il régnait au contraire,

Dieu soit loué, une atmosphère de paix, de satisfaction à l'idée d'avoir surmonté les difficultés. Une atmosphère dans laquelle on pouvait en toute sérénité confier la barre au suivant.

La papauté, objectent certains, aurait été sécularisée par votre renonciation. Il ne s'agirait plus à présent d'une fonction incomparable, mais d'une fonction comme les autres.

J'ai dû prendre cela en compte et me demander si le fonctionnalisme, si l'on peut dire, ne risquait pas de se propager au pontificat. En même temps, une mesure analogue existait déjà pour les évêques. Autrefois, un évêque n'était pas non plus autorisé à se retirer, et ils ont été nombreux à dire : je suis « Père » et je le reste. Ils estimaient qu'on ne peut pas y mettre un terme. Qu'il s'agirait d'une fonctionnalisation, d'une sécularisation, d'une forme de fonctionnariat, inapplicable à un évêque. J'objecterai à cela qu'un Père arrête, lui aussi. Il ne cesse évidemment pas d'être Père, mais il renonce à des responsabilités concrètes. Il reste père dans un sens profond, intime, avec une relation et une responsabilité particulières, mais il n'accomplit plus des tâches de Père. La situation était la même pour les évêques.

On a tout de même fini par admettre généralement que si l'évêque est chargé d'une mission sacramentelle qui continue à le lier intérieurement, il n'est pas obligé d'être maintenu éternellement dans sa fonction. À mes yeux, il est clair que le pape n'est pas un surhomme et que sa simple existence ne suffit pas ; il doit également exercer des fonctions. Quand il se retire, il renonce à sa fonction tout en conservant, de manière très intime, la responsabilité qu'il a assumée. On finira par comprendre peu à peu que le pontificat n'a rien perdu de sa grandeur, même si la dimension humaine de la charge apparaît peut-être plus distinctement.

Juste après l'annonce de votre décision et comme c'est toujours le cas après le mercredi des Cendres, la Curie s'est engagée dans les exercices spirituels de Carême. A-t-on abordé avec vous, au moins dans ce cadre, la question de votre renonciation ?

Non. Les exercices spirituels sont un temps de silence et d'écoute, de prière. Dans mon calendrier, j'avais évidemment tenu compte de cette semaine de silence qui permettrait à tous, en tout cas aux évêques, aux cardinaux et aux collaborateurs de la Curie, d'assimiler cette décision en profondeur. D'un coup, tout ce qui relève des choses extérieures disparaît et l'on se tourne ensemble, intérieurement, devant le Seigneur.

Ces quelques jours ont été émouvants et salutaires pour moi. Il y avait d'une part la retraite et le silence, sans personne pour me déranger, puisqu'il n'y avait pas d'audiences, et que nous étions tous à l'abri du tumulte et intérieurement très proches les uns des autres parce que nous priions et écoutions ensemble quatre fois par jour ; d'autre part, chacun se tenait devant le Seigneur dans sa responsabilité personnelle.

Je dois dire que ce calendrier était judicieux. Rétrospectivement, je ne peux m'empêcher de le trouver même meilleur que sur le coup.

N'avez-vous jamais regretté votre renonciation, fût-ce une minute seulement ?

Non ! Non, non. Je constate tous les jours que j'ai eu raison.

Tout de même, il n'y a pas eu une fois où vous vous êtes dit...

Non, absolument pas. J'y avais réfléchi et j'en avais discuté avec le Seigneur assez longtemps.

Y a-t-il eu un aspect auquel vous n'aviez pas pensé ? qui ne vous serait peut-être apparu qu'à posteriori ?

Non.

Vous avez donc également envisagé que l'on puisse à l'avenir exiger légitimement d'un pape qu'il renonce à ses fonctions ?

Il n'est évidemment pas question de se plier à des exigences. Voilà pourquoi j'ai insisté dans mon discours sur le fait que j'agissais en toute liberté. Il ne faut jamais partir pour fuir quelque chose. Il ne faut jamais céder aux pressions. On ne peut s'en aller que si personne ne l'exige de vous. Et personne ne l'avait exigé quand je l'ai fait. Personne. La surprise a été entière pour tout le monde.

Le fait que votre renonciation ait immédiatement marqué un tournant avec l'ouverture sur un autre continent a dû vous surprendre, vous aussi.

Dans la Sainte Église, il faut s'attendre à tout.

« Je n'abandonne pas la Croix »

Après vos dernières célébrations liturgiques en tant que pape en exercice et les adieux au palais du Vatican, c'est une nouvelle histoire qui commence. Vous vous retirez dans un premier temps en compagnie d'un cercle très restreint – les secrétaires Georg Gänswein et Alfred Xuereb ainsi que quatre sœurs Memores Domini – dans la résidence d'été pontificale de Castel Gandolfo. Avez-vous suivi le conclave depuis la résidence ?

Bien sûr.

Comment était-ce ?

Nous n'avons évidemment reçu aucune visite, cela va de soi, et n'avions aucun contact avec le monde extérieur, mais nous avons vu ce que tout le monde a pu voir à la télévision. Nous l'avons beaucoup regardée, surtout le soir du scrutin.

Aviez-vous une idée de l'identité probable de votre successeur ?

Non, pas du tout !

Aucun pressentiment, aucune opinion ?

Non, non.

Dans ce cas comment avez-vous pu, lors de vos adieux à la Curie, promettre immédiatement une obéissance absolue à votre futur successeur ?

Le pape est le pape, quel qu'il soit.

Il paraît tout de même que Jorge Mario Bergoglio était l'un des favoris dès le conclave de 2005. Est-ce vrai ?

Je n'ai rien à dire à ce sujet (rire).

Quelles ont été vos pensées au moment où votre successeur est apparu sur la loggia de la basilique Saint-Pierre ? Et lorsque vous avez constaté, de surcroît, qu'il était entièrement vêtu de blanc ?

C'est son affaire, après tout, nous étions aussi en blanc. Il n'a pas voulu porter la mosette. Cela ne m'a pas troublé. Ce qui m'a beaucoup touché en revanche, c'est qu'avant même de se rendre sur la loggia il a cherché à m'appeler. Il n'est pas arrivé à me joindre parce que nous étions devant la télévision, justement. J'ai été ému qu'il ait prié pour moi, par l'instant de recueillement et puis par la chaleur avec laquelle il a salué la foule. Par le fait que l'étincelle ait immédiatement jailli, en quelque sorte. Il est vrai que personne ne s'y attendait. Je le connaissais, bien sûr, mais je n'avais pas pensé à lui. La surprise a été grande pour moi. Pourtant, l'enthousiasme a été immédiat, cette façon de prier, d'une part, et, d'autre part, de s'adresser au cœur des gens.

D'où le connaissiez-vous ?

Par les visites *ad limina** et par notre correspondance. J'avais découvert en lui un homme très décidé,

---

* Littéralement, « au seuil ». Il s'agit des visites périodiques des évêques au Saint-Siège (N.d.T.).

quelqu'un qui en Argentine n'hésitait pas à dire franchement : voilà ce qu'on va faire, voilà ce qu'on ne va pas faire. Mais je n'avais pas été témoin de cette cordialité, de cette attention extrêmement personnelle aux hommes. Cela a été une surprise pour moi.

Vous vous attendiez à quelqu'un d'autre ?

Oui, pas à quelqu'un en particulier, mais à d'autres, oui.

Bergoglio n'était pas du nombre.

Non. Je ne l'avais pas considéré comme un des candidats les plus probables.

Et pourtant, comme nous l'avons déjà dit, il avait été, avec vous, un des favoris du précédent conclave.

C'est vrai. Mais je pensais que c'était du passé. On n'avait plus entendu parler de lui.

Le résultat du scrutin vous a-t-il réjoui ?

En entendant son nom, j'ai été un peu hésitant dans un premier temps. Mais quand je l'ai vu s'adresser d'une part à Dieu et d'autre part aux hommes, la joie m'a envahi. Et le bonheur.

Soyons bien clair : on ne peut donc pas dire que la connaissance ou le pressentiment de l'identité de votre successeur auraient facilité votre renonciation ?

Non. Le collège des cardinaux est libre et possède sa dynamique propre. Il est impossible de prédire qui sera choisi en fin de compte.

Le pape François apporte beaucoup de nouveauté : c'est le premier jésuite à occuper le siège de saint Pierre ; le premier à porter le nom de François. Et surtout, c'est le premier pape originaire du « Nouveau Monde ». Que faut-il en conclure sur la structure de l'Église catholique ?

Que l'Église n'est pas immobile, qu'elle est dynamique et ouverte et qu'elle est le lieu de nouvelles évolutions. Qu'elle n'est pas figée dans des schémas tout faits, mais qu'il s'y produit constamment des choses surprenantes, qu'elle est porteuse d'une dynamique capable de se renouveler à chaque instant. Qu'il se passe, de notre temps précisément, des événements auxquels on ne s'était pas attendu et qui révèlent que l'Église est vivante et pleine de possibilités nouvelles, voilà qui est beau et encourageant.

D'un autre côté, il était à prévoir que l'Amérique du Sud serait appelée à jouer un rôle important. C'est le plus grand continent catholique et, en même temps, celui qui souffre le plus et qui connaît le plus de problèmes. On y trouve des évêques absolument remarquables et, malgré toutes les souffrances et toutes les difficultés, une Église extrêmement dynamique. On peut donc penser qu'en un sens l'heure de l'Amérique du Sud était venue. Par ailleurs, le nouveau pape est à la fois italien et sud-américain, ce qui met en relief l'étroite interdépendance entre l'Ancien et le Nouveau Monde, en même temps que l'unité interne de l'histoire.

Avec le pape François, l'Église catholique perd son européo-centrisme. Il est en tout cas affaibli.

Il est vrai qu'il ne va plus de soi que l'Europe constitue le centre de l'Église universelle. Désormais l'Église possède vraiment, dans son universalité, un poids équivalent sur les différents continents. L'Europe conserve sa responsabilité et ses tâches spécifiques. Cependant, la foi en Europe connaît un tel affaiblissement que, par ce simple fait, elle ne peut plus constituer que de façon restreinte le véritable moteur de l'Église universelle et de la foi dans l'Église. Nous constatons également que de nouveaux éléments, africains, sud-américains ou philippins, par exemple, apportent une nouvelle dynamique à l'Église, vivifient et redonnent de l'élan à l'Occident fatigué, le réveillent de sa lassitude, de sa tendance à oublier sa foi. Quand je songe à l'Allemagne en particulier, je ne peux nier qu'on y rencontre une foi vivante, un engagement sincère pour Dieu et pour les hommes. Mais d'un autre côté, on ne peut qu'observer la puissance de ses bureaucraties, la théorisation de la foi, la politisation et le manque de dynamique vivante, laquelle, de surcroît, semble bien souvent à moitié écrasée sous le poids accablant de la structure. Aussi est-il est encourageant de constater que d'autres forces s'affirment au sein de l'Église universelle – et que l'Europe redevient une terre de mission.

On dit que Dieu corrige légèrement chaque pape à travers son successeur – en quoi le pape François vous corrige-t-il ?

(Il rit.) C'est vrai. Par son attention directe aux hommes, dirais-je. Cela me paraît très important. Mais c'est aussi, fondamentalement, un pape de la réflexion. Quand je lis son exhortation *Evangelii Gaudium* ou ses interviews, je vois bien que c'est un homme méditatif, un homme qui se consacre intellectuellement aux questions de notre temps. En même temps, il a un contact très direct avec les hommes, il est habitué à être constamment parmi eux. S'il ne loge pas au palais mais à la résidence Sainte-Marthe, c'est parce qu'il tient à être constamment entouré de gens. J'aurais tendance à dire qu'on peut parfaitement le faire en haut*, mais cela donne une nouvelle dimension. Peut-être n'ai-je effectivement pas été assez présent aux hommes. J'aimerais encore mentionner le courage avec lequel il aborde les problèmes et recherche des solutions.

Votre successeur ne vous paraît-il pas peut-être un peu trop impétueux, trop excentrique ?

(Il rit.) Chacun a son tempérament. L'un fait peut-être preuve de retenue, l'autre est un peu plus dynamique qu'on ne l'avait imaginé. Mais j'apprécie beaucoup ce contact direct qu'il a avec les gens. Je me demande bien sûr combien de temps il pourra tenir. Car il faut une grande force pour serrer la main de deux cents personnes, voire davantage, tous les mercredis, et ce genre de choses. Mais laissons cela entre les mains de Dieu.

Son style ne vous pose donc pas de problème ?

Non. Au contraire, je trouve ça bien.

L'ancien pape et le nouveau pape vivent aujourd'hui dans le même domaine, à quelques centaines de mètres l'un de l'autre. Il paraît que vous êtes constamment à la disposition de votre successeur. Fait-il effectivement appel à votre expérience, à vos conseils ?

Il n'en a généralement pas l'occasion. Il lui est arrivé de me poser des questions sur certains points,

---

* Au palais du Vatican (N.d.A.).

par exemple à propos de l'interview qu'il a donnée à *La civiltà cattolica*[3]. Je le fais évidemment, je lui donne mon avis. Mais dans l'ensemble, je suis très content de ne pas avoir à m'impliquer généralement.

Cela signifie-t-il que vous n'avez pas reçu à l'avance le texte de la première exhortation apostolique du pape François – Evangelii Gaudium *?*

En effet. Mais il m'a écrit à ce sujet une très belle lettre personnelle de sa minuscule écriture. Elle est bien plus petite que la mienne. Par rapport à lui, j'écris vraiment gros.

On a peine à le croire.

C'est pourtant vrai. C'était une lettre extrêmement aimable et j'ai reçu cette exhortation apostolique d'une manière toute particulière. Avec une reliure blanche qui plus est, une caractéristique réservée au pape. Je suis en train de la lire. C'est un texte court, mais très beau, très attachant. Bien sûr, tout n'est pas de lui, mais il contient beaucoup d'éléments personnels.

Certains commentateurs interprètent cet écrit comme une volte-face, notamment parce qu'il revendique la décentralisation de l'Église. Voyez-vous dans ce texte programmatique une rupture avec votre pontificat ?

Non. J'ai toujours souhaité, moi aussi, que les Églises locales soient aussi vivantes que possible en elles-mêmes, et n'aient pas besoin d'autant d'assistance de Rome. Le renforcement de l'Église locale est donc très important. Évidemment, il faut aussi qu'elles restent ouvertes les unes sur les autres et sur Saint-Pierre, faute de quoi on risque de voir se développer une politisation, une nationalisation et un rétrécissement culturel. L'échange entre Église locale et Église universelle est capital. Je dois également reconnaître que, malheureusement, les évêques mêmes qui s'opposent à la centralisation ne prennent pas les initiatives que l'on serait en droit d'attendre d'eux. Ce qui nous a obligés à leur prêter une assistance constante. En effet, plus une Église locale vit bien et est vivante, au cœur de la foi, plus elle contribue à l'ensemble.

Non seulement l'ensemble de l'Église participe du gouvernement de l'Église locale, mais les affaires de l'Église locale sont déterminantes pour l'ensemble. Quand un membre est malade, dit saint Paul, tous en sont affectés. Par exemple, quand la foi s'affaiblit en Europe, la maladie touche toutes les autres Églises – et inversement. Si une autre Église était touchée par la superstition, par d'autres éléments indésirables ou même par l'incroyance, cela aurait forcément des répercussions sur l'ensemble. D'où l'importance capitale de l'interaction. On ne peut pas se passer du service de Saint-Pierre ou du service de l'unité. Pas plus que de la responsabilité des Églises locales.

Vous ne voyez donc aucune rupture avec votre pontificat ?

Non. Évidemment, on peut mal interpréter certains passages pour prétendre que tout a changé. Quand on sort des passages de leur contexte, qu'on les isole, il est facile de construire des oppositions, mais pas quand on considère l'ensemble. On relève sans doute de nouveaux infléchissements, bien sûr, mais pas d'oppositions.

Après une année, êtes-vous satisfait du pape François ?

Oui. Il y a une nouvelle fraîcheur dans l'Église, une nouvelle joie, un nouveau charisme qui plaît aux gens, c'est bien.

Deux mots ressortaient particulièrement de vos discours d'adieu sur la place Saint-Pierre. Vous avez prononcé le premier lors de votre dernier angélus, quand vous avez déclaré : « Le Seigneur me demande de monter [sur le mont Thabor]. » Que vouliez-vous dire par là ?

C'était lié pour commencer à l'Évangile du jour. Mais en cet instant, l'Évangile avait pris un sens très concret. Cela signifiait que je partais en quelque sorte avec le Seigneur, que je quittais le quotidien de la vie pour gravir un autre sommet, où je serais uni à Lui de façon encore plus directe et plus intime ; que je me détachais donc en même temps des grandes foules humaines et me retirais dans cette plus grande intimité.

Le fait que votre dernière grande liturgie ait coïncidé avec le mercredi des Cendres n'a certainement rien d'un hasard. On a eu l'impression que vous cherchiez à dire : Voyez, c'est là que j'ai voulu vous conduire : purification, jeûne, pénitence.

C'était également prévu. J'avais en effet déjà réfléchi à ce mercredi des Cendres. À la grande liturgie que je devais encore célébrer ce jour-là. Elle aurait dû se tenir à Sainte-Sabine, parce que c'est l'ancienne église des stations, mais en l'occurrence, nous l'avons déplacée à Saint-Pierre. Il m'a paru tout à fait providentiel que la dernière liturgie marque l'ouverture de la période de pénitence et soit ainsi liée également au *Memento Mori*, la gravité de l'entrée dans la Passion du Christ – mais en même temps dans le mystère de la Résurrection. Que le samedi saint ait marqué le début de ma vie, et, d'autre part, le mercredi des Cendres, dans sa signification multiple, la fin de mon service concret était quelque chose de réfléchi, mais qui s'est aussi présenté comme cela.

Votre deuxième parole d'adieu a été prononcée très vigoureusement : « Je n'abandonne pas la Croix. »

On a dit en effet que j'étais descendu de la Croix, que je m'étais facilité les choses. C'est un reproche auquel je devais m'attendre. Et auquel il fallait surtout que je réfléchisse intérieurement avant d'accomplir cette démarche. Je suis convaincu que ce n'était pas une fuite, en tout cas pas devant une pression concrète qui n'existait pas. Ce n'était pas non plus une fuite devant les exigences de la foi, qui conduit l'homme à la Croix. C'est une autre manière de rester lié au Seigneur *souffrant*, dans le calme du silence, dans la grandeur du silence et dans la grandeur et l'intensité de la prière pour toute l'Église. Cette démarche n'est donc pas une fuite, mais une autre façon de rester fidèle à ma mission.

Vous n'avez pas organisé de grande fête d'adieu et vous vous en êtes tenu à une audience générale.

Une fête d'adieu aurait accompli pour de bon la sécularisation dont vous avez parlé. Il fallait rester dans le cadre de ce qui appartient au service spirituel. En l'occurrence, la liturgie du mercredi des Cendres et la rencontre avec les fidèles sur la place Saint-Pierre, tout à la fois dans la joie et dans le recueillement. Ce qui est au premier plan n'est pas la destinée personnelle de l'homme, mais sa présence en tant que représentant d'un autre. Il était donc tout à fait pertinent de rencontrer d'une part l'Église dans son ensemble encore une fois, d'autre part ceux qui souhaitaient faire leurs adieux. Et de ne pas accomplir cela dans l'esprit d'une fête profane, mais en se retrouvant tous ensemble dans la Parole du Seigneur et dans la foi.

Votre départ en hélicoptère s'inscrivait également dans cette dramaturgie, vu de l'extérieur en tout cas. On pourrait dire que jamais encore un pape n'est monté aux cieux de son vivant...

(Le pape rit.)

Qu'est-ce qui vous a traversé l'esprit à ce moment-là ?

J'étais très ému. La chaleur des adieux, les larmes de mes collaborateurs (sa voix se brise). Il y avait cette grande inscription sur la maison « Pastor Bonus » : « Que Dieu vous bénisse », et puis les cloches de Rome (le pape pleure). Cela m'a profondément ému. Mais en planant sur cela et en entendant sonner les cloches de Rome, j'ai su que je devais rendre grâce et que l'heure était à la reconnaissance.

DEUXIÈME PARTIE

HISTOIRE D'UN SERVITEUR

Famille et enfance

Saint Père, l'enfant de condition modeste que vous étiez a été appelé dans son grand âge à être le successeur de saint Pierre. Comment vous représentiez-vous un pape quand vous étiez petit ?

Le pape de l'époque, Pie XI, était pour nous le pape par excellence. Il était le représentant du Christ, un être qui nous était infiniment supérieur, mais qui était en même temps très proche de nous, parce qu'il était notre berger à tous. Nous vénérions le pape et nous l'aimions – et pourtant, il nous paraissait infiniment loin, terriblement au-dessus de nous.

Aviez-vous un saint préféré à l'époque ?

Je ne pourrais pas dire cela. Évidemment, j'ai toujours eu un faible pour mon saint patron, saint Joseph.

Quand vous étiez petit, avez-vous été tourmenté par une de ces questions typiques que les enfants se posent au sujet de Dieu, auxquelles ils ne trouvent pas de réponse et qui les désespèrent ?

Non, pour moi, le monde de la foi était très sûr et très solide.

Dans une lettre à l'Enfant Jésus, vous avez demandé pour Noël « un Volks-schott*, une chasuble verte, une image du Sacré-Cœur ». N'est-ce pas plutôt inhabituel de la part d'un petit garçon de sept ans ?*

(Il rit.) Sans doute, mais pour nous, la participation à la liturgie a toujours été un élément constitutif de notre vie et une grande expérience, un monde mystérieux dans lequel nous avions envie de pénétrer plus profondément. J'ajouterais que nous aimions jouer au prêtre. Cela se faisait encore beaucoup à l'époque.

Vous êtes le troisième enfant de vos parents. Vous avez une sœur aînée, Maria, et un frère, Georg. Étiez-vous le petit dernier ?

Oui, en effet.

Comment vous appelait-on quand vous étiez petit ?

Au début, quand j'étais tout petit, on m'appelait « Josepherl ». Mais quand j'ai eu huit ans, j'ai dit que je ne voulais plus qu'on m'appelle ainsi, parce que autrement je resterais toute ma vie un Josepherl, et que dorénavant, je m'appellerais Joseph ! Cette consigne a été acceptée et respectée.

Étiez-vous un garçon joyeux, facile ou plutôt un garçon introverti, très tôt pensif ?

---

* Le « Schott » est un missel en langue allemande, œuvre d'Anselm Schott, un bénédictin de la fin du XIXᵉ siècle. Il est resté en usage jusqu'au Concile Vatican II. Il en existait plusieurs versions, dont le « Volks-schott » ou « Schott populaire » qui contenait le texte de la messe de tous les dimanches et jours fériés de l'année liturgique (N.d.T.).

Au début, à Tittmoning et à Aschau, j'étais un petit garçon très gai. Je ne sais trop comment, par la suite, je suis devenu – je serais bien en peine d'expliquer pourquoi – un peu plus pensif, moins joyeux. Mais cela a aussi changé. La guerre a tout compliqué.

Le jour de votre naissance, le 16 avril 1927, a coïncidé avec le samedi saint. Devenu pape, quand vous êtes allé voir le saint suaire du Christ de Turin, vous vous êtes écrié : « C'est un moment que j'attendais. » Cette image serait celle du samedi saint. On dirait qu'au cours de votre existence vous avez de plus en plus reconnu dans ce thème, littéralement déposé dans votre berceau, la destinée qui vous avait été prescrite.

Oui, c'est une chose qui a toujours été très présente pour moi. En ce temps-là, on fêtait la vigile pascale dès le matin du samedi saint et j'ai été baptisé avec l'eau bénite de la nuit. Cela avait été très important pour mes parents. C'était à leurs yeux quelque chose de significatif et ils me l'ont dit dès le début. Cette conscience m'a en quelque sorte accompagné. Elle s'est ancrée de plus en plus solidement en moi, aussi bien en tant que théologien qu'à travers les événements de notre temps, dont certains évoquent beaucoup le samedi saint. J'ai constamment cherché par ailleurs à approfondir sa compréhension – et j'y ai effectivement vu une adresse, un programme de vie.

Les textes que vous avez consacrés à ce sujet sont particulièrement profonds et émouvants.

Parce qu'il s'agit de quelque chose qui n'a pas été fabriqué de toutes pièces, mais qui est intimement mêlé à mon origine, au commencement de mon existence, quelque chose qui n'a pas seulement été un objet de réflexion, mais que j'ai vécu de l'intérieur.

À l'image du père de Karol Wojtyła, votre père, Joseph, fils de paysans et gendarme, était animé d'une piété d'homme très profonde. A-t-il été en quelque sorte le déclencheur de votre vocation ?

À maints égards, oui. C'était d'une part un homme incroyablement pieux, qui priait beaucoup, qui était profondément enraciné dans la foi de l'Église, et d'autre part un homme très lucide et critique, capable de jugements très sévères à l'égard du pape et des évêques. La piété lucide avec laquelle il vivait la foi et en était véritablement pénétré a eu une grande importance pour moi.

Son développement religieux se rattachait-il à un événement précis ?

Je ne sais pas. Il avait eu dans son enfance un excellent aumônier qui l'avait manifestement beaucoup marqué et formé. Il parlait souvent de lui. De plus, son instituteur avait créé un chœur de garçons dans lequel il chantait. Cela lui aura certainement apporté une expérience vivante de l'Église.

Votre père n'était pas très instruit.

Il n'avait fréquenté que l'école primaire, mais c'était un homme intelligent, capable de penser par lui-même.

Est-il exact qu'il aurait voulu être prêtre ?

Il n'en a jamais parlé. Il avait apparemment envisagé d'entrer comme frère chez les capucins.

La ferme de la famille Ratzinger située à Rickering, un tout petit village de la forêt de Bavière où votre père est né, a été à l'origine, directe ou indirecte, d'un nombre remarquable de vocations. Il y a le célèbre Georg Ratzinger, votre grand-oncle, qui n'était pas seulement prêtre, mais s'est également fait connaître comme député au Reichstag. Et puis le frère et la sœur de votre père, Alois et Theogona, qui ont été respectivement prêtre et religieuse. S'y ajoutent votre frère Georg et vous, et enfin un cousin, qui est aujourd'hui prêtre à Simbach, près de votre village natal, Marktl. On pourrait presque parler d'une famille de prêtres.

Presque, en effet (il rit). Nous connaissions bien l'oncle Alois, le prêtre, nous avons passé nos vacances chez lui en 1937, peut-être même déjà en 1935. Quant à la tante Theogona, qui était religieuse, nous la connaissions bien également.

La présence de prêtres dans votre famille, tels que votre oncle Alois justement, le frère de votre père, vous a-t-elle encouragé à vous engager dans cette voie ?

C'était normal à l'époque. Les grandes familles de paysans avaient beaucoup d'enfants et il y en avait toujours un qui choisissait d'entrer dans l'Église.

L'oncle Alois était apparemment un original.

C'était un curieux personnage, en effet. Il était intelligent, mais n'en faisait qu'à sa tête. Il était surtout favorable à la dévotion populaire allemande.

Et c'était un opposant au national-socialisme.

Oui, absolument.

Dans le recueil Priester unter Hitlers Terror *(« Des prêtres sous le régime de terreur de Hitler »), deux gros volumes contenant la liste des prêtres qui ont résisté sous le national-socialisme et ont été poursuivis, on peut lire à propos de votre oncle qu'à la fin de 1936 il a été dénoncé auprès du* Regierungspräsident* *parce qu'il avait demandé aux fidèles de prêter serment de fidélité à l'Église catholique. En avez-vous été informé quand vous étiez petit ?*

Pour nous, il allait de soi qu'un prêtre devait être contre les nazis. Notre père leur était tellement hostile qu'il était impensable qu'un quelconque membre de la famille ait pu leur être favorable. La tante Theres, une des sœurs de mon père, était particulièrement opposée au nazisme. Il y avait plusieurs frères et sœurs et ils habitaient une maison à Osterhofen avec un peu de terrain, juste à côté de la voie ferrée. Quand un train transportant des pontes nazis passait, ils leur faisaient un pied de nez (le pape fait le geste et rit). Les autres étaient furieux, mais ne pouvaient rien faire parce que le train était en marche.

On a célébré une « année sainte » en 1933. Or cette année-là précisément, Hitler arrive au pouvoir et va répandre la mort et la terreur dans le monde.

La date de l'année sainte est évidemment fixe. D'après la tradition, le Seigneur a été crucifié en l'an 33, on a donc célébré en 1933 un grand jubilé, également à Aschau, où nous vivions alors. Au même moment, on a assisté à ce triomphe du Mal, qui nous a accablés. Pourtant, le monde du religieux était tellement vivant

---

* Responsable d'un district, correspondant à peu près à nos préfets (N.d.T.).

en nous que, si le monde extérieur pouvait l'écraser, il était impuissant à le détruire.

Pour votre père, qui était abonné à la revue antifasciste Der Gerade Weg* (« Le droit chemin »), cela a dû être...

Ça a été très dur pour lui, en effet. Nous, les enfants, nous avions la vie de famille, la vie du village, qui était encore très marquée par le catholicisme. Cela l'a évidemment beaucoup plus affecté que nous.

Votre mère a travaillé un temps comme cuisinière dans une pension. Était-ce un sujet de discussion chez vous ?

Elle ne l'a fait que lorsque mon père a pris sa retraite. Les trois enfants allaient à l'école, et il fallait bien payer. Même avant mon entrée à l'internat, les frais de scolarité se montaient à vingt marks par mois. En 1938, quand elle est allée donner un coup de main à Reit im Winkl, notre situation financière était particulièrement difficile.

Comment votre père a-t-il pris cela ? Il a probablement été le premier homme au foyer de l'histoire allemande.

(Le pape rit.) Ça a été un grand défi pour lui. Il ne savait pas faire la cuisine, à part les « Schmarren** ». Il a fallu qu'il apprenne tout.

Enfiler le tablier ne lui posait pas de problème ?

Il l'a fait.

---

* Voir note page 79.
** Sorte de crêpes épaisses sucrées, que l'on sert coupées en morceaux. (N.d.T.).

Il cirait même vos chaussures.

Il l'avait toujours fait de toute façon, pour toute la famille. C'était sa tâche réservée.

En tant que gendarme, votre père a fréquemment changé d'affectation. Quatorze fois en trente-cinq ans de service. La plupart du temps à sa demande. Pour quelle raison ?

Je ne saurais pas vous l'expliquer, mais apparemment, les Ratzinger ont la bougeotte. Je me suis beaucoup déplacé, moi aussi...

Est-ce à cause de ses nombreuses mutations en tant que gendarme qu'il s'est marié si tard ?

Oui. Mais aussi, me semble-t-il, parce qu'il se demandait s'il ne ferait pas mieux d'entrer dans les ordres, sous une forme ou une autre.

Et le fait que votre mère, Maria, se soit mariée si tard ?

Cela a probablement été conditionné par son travail.

Votre mère était une enfant naturelle. Quand l'avez-vous appris ?

Relativement tôt en fait, à Aschau, mais à l'époque, je n'ai pas compris ce que ça voulait dire. Voici ce qui s'est passé : en tant que fonctionnaire, mon père devait présenter un « certificat d'aryanité », pour prouver que lui-même et son épouse étaient aryens. Cela n'a pas posé de problème pour lui, parce que les registres étaient disponibles. Ma mère en revanche était originaire du Tyrol du Sud, et le prêtre d'Aschau a entretenu une longue et laborieuse correspondance avec la commune d'Italie concernée. Ma mère y était enregistrée en tant qu'enfant naturel. En fait, je n'ai compris tout cela que bien plus tard.

Cela vous a-t-il placé dans une position particulière ?

Pas du tout. Ma mère était si convaincante qu'elle n'avait pas besoin de certificat de moralité.

Votre mère a-t-elle appris qui était son père ?

Bien sûr. L'homme que sa mère a épousé par la suite était réellement son père.

Pourtant, le maître boulanger Rieger ne l'a pas immédiatement reconnue. Pourquoi ?

Il s'agissait d'une négligence administrative. Ma mère était le premier enfant du couple. Le deuxième, Benno, est né lui aussi avant qu'ils se marient. Ils s'étaient déjà fait la promesse de mariage, mais n'avaient pas de domicile fixe. C'est à Rimsting, où ils tenaient une boulangerie, qu'il l'a épousée. Il pensait que le mariage des parents légitimerait automatiquement leur fille. La mère était très sévère, c'était une femme dure, le père était bienveillant et affectueux. Il l'a beaucoup aimée – et elle le lui rendait bien.

Et vous ? Avez-vous trouvé auprès de votre propre père approbation et amour ?

Oui, vraiment. Dès ma plus tendre enfance. J'ai ressenti beaucoup de gentillesse et de chaleur. Surtout à partir du mois d'avril 1937, quand il a été à la retraite, nous avons fait de longues promenades ensemble où il me parlait de son enfance et de sa jeunesse. En 1938, quand ma mère s'est placée comme cuisinière à Reit im Winkl pour des raisons financières, une époque où mon frère et ma sœur n'étaient déjà plus à la maison, nous allions nous promener tous les jours. C'était un vrai romancier, il inventait sans cesse des histoires captivantes. Je crois que ça le passionnait lui aussi d'imaginer la suite. Des histoires de famille. D'un couple, de la manière dont ils font connaissance, tout ce qui se passe dans la famille, de vrais romans de terroir en fait.

Quel couple formaient vos parents ?

Un très bon couple, malgré des tempéraments extrêmement différents. Ma mère était chaleureuse, affectueuse, généreuse mais pas très rationnelle. Elle aimait vivre selon son inspiration, sur le moment. Leurs manières de vivre étaient donc très différentes. Il leur arrivait parfois de se disputer. En même temps, leur union intérieure était si profonde que, même si les querelles nous faisaient mal, nous savions bien que l'essentiel restait intact.

Votre père était sévère, peut-être trop sévère, avez-vous dit un jour. Comment cette sévérité se manifestait-elle ?

Je dois reconnaître qu'il est devenu de plus en plus indulgent. Il n'a pas été aussi strict avec moi qu'avec mes aînés. Sa sévérité s'exprimait par une exigence de ponctualité et de rigueur ; en cas de transgression, il lui arrivait de nous gronder très fort, et parfois même de nous flanquer une calotte. À l'époque, c'était considéré comme normal dans l'éducation. On savait qu'il fallait respecter les règles, les règles de la foi, les règles de la famille, la loi en général. C'était un homme extrêmement droit et honnête et il a veillé à ce que nous suivions ses traces. On sentait bien qu'aucune incartade ne serait prise à la légère.

Vous avez porté plus tard au crédit d'un de vos professeurs de Freising de s'être élevé contre la « dévotion étriquée du XIXᵉ siècle ». Vous avez écrit mot pour mot : « Ça a été pour moi une ouverture déterminante. » Votre père était-il également trop strict en matière de religion ?

Je vous répondrai ceci : il avait été particulièrement marqué par l'aumônier dont nous avons parlé, un excellent homme en soi. Il avait donc été formé par cette dévotion austère du XIXᵉ siècle. Aujourd'hui, on la jugerait trop stricte en un sens. Mais le contexte de l'époque n'est pas comparable à celui d'aujourd'hui.

Quand vous évoquez votre enfance, c'est le plus souvent sous un jour romantique. Vous avez même dit que vous vous représentiez le paradis « tel qu'était [votre] enfance ». Ne peut-on y voir l'expression d'un certain besoin d'harmonie ?

Si, bien sûr.

En tout cas, les conflits, les ruptures, les difficultés ne font pas partie des sujets que vous évoquez dans vos souvenirs.

Il y avait évidemment des disputes et ce genre de choses dans ma famille. Nous étions des gens tout ce qu'il y a de plus normaux. Ne croyez pas qu'il régnait une harmonie sans faille. Mais le sentiment de solidarité et de bonheur à être ensemble l'emportait largement.

N'y avait-il aucun conflit de générations, comme ce fut largement le cas dans les années 1960 ?

Non.

Alors que votre frère s'était déjà engagé dans cette voie, vous avez, vous aussi, été admis au petit séminaire diocésain de Traunstein. Georg était-il un modèle pour vous ?

À maints égards oui. C'était un garçon qui savait ce qu'il voulait, qui avait des idées très claires, très tranchées. En même temps, nous avions toujours été très proches, nous étions liés par de vraies affinités. Plus tard, nous nous sommes aussi livrés à des discussions théologiques sur toutes les questions qui se posaient alors. Mais je ne suis entré au petit séminaire qu'en troisième année de collège. Pour une raison simple et pratique : mon père n'aurait pas pu assumer financièrement que nous soyons internes tous les trois en même temps. Cela m'a permis de rester à la maison deux années de plus, ce qui m'a fait le plus grand bien.

Il est remarquable que votre sœur ait, elle aussi, suivi une instruction secondaire. Était-ce là encore une initiative de votre père ?

Oui. Il voulait que ma sœur ait elle aussi une solide formation pour qu'elle puisse trouver un bon emploi. À l'époque, on ne considérait pas que la place d'une jeune fille fût au collège. Il existait deux sortes d'écoles supérieures : ce qu'on appelait le « Lyzeum », qui était plus ou moins réservé aux jeunes filles chics, et l'école ménagère, où l'on enseignait la sténographie, la dactylographie, la comptabilité, l'anglais et ainsi de suite. C'était une formation sérieuse, qui lui plaisait beaucoup.

Enfant, vous étiez plus fragile que d'autres. Vous sentiez-vous différent ?

Ce n'était pas le cas. Ce fut le cas en entrant au séminaire, quand j'ai découvert un monde complètement nouveau. Mais ça n'a duré que le premier semestre.

Vos camarades ont été particulièrement impressionnés par le fait que vous avez manifestement su très tôt ce que vous vouliez, que vous aviez des idées affirmées. Dans un de vos bulletins de Traunstein, on peut même lire que vous étiez « récalcitrant ». Ce côté récalcitrant n'est-il pas dans votre nature ?

Pendant un certain temps, oui. En quatrième et en troisième, j'ai connu une période où j'ai été récalcitrant, c'est exact.

Ce n'est pas tout. Il y a une anecdote du temps de l'armée, un jour d'exercice. L'instructeur, un vrai tyran, s'est mis à hurler aux recrues plantées devant lui : « Qui tiendra le plus longtemps, vous ou moi ? » Vous avez été le seul à sortir du rang pour répondre : « Nous. » Le plus petit, le plus chétif en apparence, tient tête. Cette attitude se retrouvera par la suite. Par exemple dans votre thèse d'habilitation à l'enseignement, où vous vous êtes opposé à la doctrine qui avait cours et plus particulièrement à un professeur de théologie dogmatique alors considéré dans le monde entier comme l'autorité en la matière. Ce trait est incontestablement présent chez vous.

Oui, c'est vrai. Le plaisir de la contradiction, c'est exact.

À l'école, on vous appelait « Hacki ». Voici ce qu'on peut lire sur vous dans Helios, *le journal des élèves, du temps où vous étiez lycéen : « Hacki occupe le terrain, il est plein de contrastes, et si en sport il ne brille pas, en sciences il t'en remontrera. » Ces lignes datent de 1945. Vous avez donc eu très tôt un esprit scientifique ?*

Oui.

Votre façon de travailler s'est très tôt caractérisée par un rythme bien défini, par la régularité, par un emploi du temps rigoureux. Quand cela a-t-il commencé ?

En fait, à partir de notre arrivée à Hufschlag[4]. Avant, on ne nous donnait pas de devoirs à l'école. À Hufschlag, je consacrais les deux premières heures de l'après-midi – ou le temps qu'il fallait, souvent une heure seulement – à mon travail. Cette durée s'est progressivement allongée. Une chose est sûre : je partageais mon temps et j'utilisais le temps imparti pour me consacrer vraiment à mon travail.

À l'école comme pendant vos études, vous en saviez plus long que les autres. Comment cela se fait-il ?

Il ne faut pas exagérer. J'aimais beaucoup le latin et le grec et j'ai bien appris l'hébreu, aussi. En fait, je faisais partie de ceux qui se passionnaient particulièrement pour ce genre de choses, c'est tout. D'autres avaient des intérêts moins théoriques.

À quatorze ans, vous découvrez la littérature, vous traduisez des textes religieux du grec et du latin.

C'était une sorte de jeu, bien sûr.

Comment avez-vous appris toutes les langues que vous parlez ? On ne les enseignait pas toutes à l'école.

En fait, je ne parle pas beaucoup de langues.

Pardon ?

Entre 1942 et 1943, nous avons eu pendant un an un cours facultatif d'italien qui était souvent annulé. Il nous a apporté quelques bases rudimentaires, sans plus.

Le reste m'est venu de la pratique, quand je suis arrivé à Rome. Mais je n'ai jamais appris l'italien correctement, ce qui fait que je ne suis pas très sûr de la grammaire. Nous avons fait un an de français à l'école. J'ai ensuite cherché à conserver ce que j'avais appris, mais ce sont, là encore, des connaissances tout à fait sommaires. J'ai appris l'anglais avec des disques quand j'étais à Bonn, et je suis toujours resté très médiocre. Ça s'arrête là. On s'imagine que je parle je ne sais combien de langues ; en fait, ce n'est pas le cas.

Que disaient vos parents des dons exceptionnels leur fils ?

Ils n'avaient rien d'exceptionnel. J'avais de bonnes notes, mais il fallait que je travaille.

Aviez-vous une ambition particulière, stimulée par exemple par votre père ?

Je ne crois pas. Notre père veillait naturellement à ce que nous travaillions bien en classe et à ce que nous nous conduisions correctement. Mais il ne voulait pas, et ne s'est jamais fixé pour objectif, que nous fassions quelque chose de « grand ». Il était content que nous ayons envie d'être prêtres. C'était tout simplement un homme qui vivait vraiment, entièrement, dans la piété de l'Église.

La vocation au sacerdoce, lit-on dans vos souvenirs, a « grandi presque naturellement en [vous], sans conversion spectaculaire ». Si vous n'avez pas vécu de grandes expériences spirituelles, en avez-vous connu de plus petites ?

Je dirais que c'est en m'absorbant de plus en plus profondément dans la liturgie. Reconnaître la place centrale de la liturgie, chercher à la comprendre, en même temps que toute la trame historique qui la sous-tend. Nous avions un professeur de religion qui écrivait un livre sur les églises stations de Rome. En un sens, il préparait son travail en faisant cours. Grâce à lui, nous avons fait l'apprentissage, de façon très concrète, des racines historiques. C'était un véritable plaisir. Les questions religieuses dans leur ensemble me préoccupaient donc. C'était l'univers qui m'était le plus familier.

Guerre

Vous êtes entré au petit séminaire de Traunstein à Pâques de 1939. La Seconde Guerre mondiale a éclaté quelques mois plus tard. Gardez-vous le souvenir du 1ᵉʳ septembre 1939, le jour où la guerre a commencé ?

Oui, je m'en souviens très bien parce que juste après la déclaration de guerre le séminaire a été transformé en hôpital militaire. Nous avons donc été scolarisés chez nous. On s'attendait à la guerre depuis 1938, avec la crise autrichienne. Et je me rappelle encore très bien quand on a annoncé que Hitler avait déclaré qu'à partir de je ne sais plus quelle heure « nous répondons à chaque bombe par une autre bombe ».

Pendant la guerre, votre père se rendait dans des fermes des environs pour y demander de la nourriture.

Il ne s'en est pas caché. Nous savions chez quels fermiers il pouvait espérer obtenir quelque chose.

Les écoliers catholiques de Traunstein ont été menacés par des membres des Jeunesses hitlériennes, ils ont dû courir entre deux rangées de jeunes fanatiques. Il y a eu des attaques contre le séminaire diocésain. Enfant, les menaces nazies ne vous inspiraient-elles pas aussi une grande peur ?

Si, bien sûr. Dans notre classe, il n'y avait, Dieu merci, pas un seul vrai nazi. Nous n'avions donc aucune dénonciation à craindre. Mais dans l'ensemble, l'atmosphère était pesante. Nous savions qu'à long terme l'Église était condamnée à disparaître. Qu'il n'y aurait plus de clergé. La situation était parfaitement claire à nos yeux : nous savions qu'il n'y avait pas d'avenir pour nous dans cette société-là. Pour moi personnellement, les perspectives étaient d'autant plus sombres que le sport était devenu une matière obligatoire à l'Abitur*, et que quand on n'était pas bon en sport, on n'était pas reçu à l'examen. En même temps, nous avons toujours été absolument sûrs que le nazisme ne durerait pas longtemps. Mon père en était certain. Nous pensions que la guerre se terminerait rapidement, parce que nous étions convaincus que la France et l'Angleterre seraient bien plus fortes que les nazis. Nous espérions donc vraiment que cela ne durerait pas éternellement. Ce qui ne nous empêchait pas d'être accablés par la crainte, par l'oppression. Et puis, quand les premiers amis sont tombés et que nous avons compris que notre tour viendrait, tout est devenu encore plus accablant.

Votre famille était-elle au courant de l'existence des camps de concentration ? En parlait-on ?

Nous savions que Dachau existait. Le camp avait été ouvert juste après la « prise du pouvoir ». Quand on apprenait qu'un tel ou un tel avait été envoyé à Dachau, on était horrifiés. Mon père était un lecteur de *Der Gerade Weg* de Gerlich. Il savait que Gerlich avait été tué ou

---

* Équivalent du baccalauréat (N.d.T.).

exécuté à Dachau*. Nous étions conscients qu'il se passait des choses effroyables. En revanche, la question juive n'était pas vraiment présente chez nous, parce qu'il n'y avait de Juifs ni à Aschau ni à Traunstein. Enfin, si, il y avait un marchand de bois juif à Traunstein, mais quand ses fenêtres ont été brisées, il est parti dès le lendemain.

Personnellement, nous ne connaissions pas de Juifs. Cependant, quand nous avions besoin de tissu, mon père le faisait venir d'une entreprise d'Augsbourg dont le propriétaire était juif. Quand les nazis l'ont exproprié et que le nouveau propriétaire a fait de la réclame en expliquant que tout continuerait comme avant, mon père a dit : « Non, je ne me fournirai pas chez un homme qui a pris quelque chose à un autre. » Il n'a plus rien acheté à cette société.

Quand avez-vous appris, votre famille et vous, l'existence des chambres à gaz d'Auschwitz et d'ailleurs, et le massacre des Juifs ?

Nous écoutions les bulletins d'informations étrangers, nous les écoutions attentivement, mais nous n'avons pas entendu parler des gazages. Nous savions bien sûr que les Juifs étaient persécutés, qu'ils étaient déportés, qu'il fallait craindre le pire, mais concrètement, je ne l'ai appris qu'après la guerre.

En a-t-on parlé ?

Oui, bien sûr. Mon père avait toujours traité Hitler de criminel, mais on atteignait là une autre dimension,

---

* Fritz Gerlich (1883-1934), fondateur du périodique *Der Gerade Weg*, était considéré comme l'un des principaux représentants de l'opposition journalistique au national-socialisme (N.d.A.).

inconcevable, qui présentait tout ce qui s'était passé sous un jour encore bien plus effroyable.

Vous avez quitté la DCA le 10 septembre 1944 et avez été envoyé dans le Burgenland pour le service du travail du Reich. Vous en avez parlé dans vos souvenirs. Où était-ce, exactement ?

À Deutsch Jahrndorf, aux frontières de la Slovaquie, de la Hongrie et de l'Autriche, juste à côté de Presbourg. De là où nous étions, nous pouvions voir la citadelle de Presbourg, c'est-à-dire de Bratislava. La frontière hongroise passait juste à côté. Nous avons aussi dû participer à la récolte des poivrons. Nous logions dans des baraques rudimentaires, cinq ou six. Nous y étions répartis en fonction de notre taille. Les plus grands se trouvaient dans la baraque numéro un, j'étais dans la quatre ou cinq. À l'époque, les gens n'étaient pas aussi grands qu'aujourd'hui, j'étais considéré comme de taille moyenne. Nous étions une quinzaine par baraque et nous dormions dans des lits superposés.

Vous deviez quitter le campement tous les jours pour aller construire un « rempart sud-est ».

Les quinze premiers jours, peut-être même les trois premières semaines, nous avons fait l'exercice, rien d'autre. Puis la guerre s'est rapprochée. Au petit matin, il fallait aller se chercher un vélo au milieu d'un tas de bicyclettes. On avait intérêt à en trouver un le plus vite possible. Parfois, on avait la guigne et on en prenait un mauvais. Et puis nous allions à bicyclette jusqu'à notre lieu de travail, où nous devions creuser.

Avec la fameuse bêche dont vous avez déjà parlé ailleurs.

J'étais un bien médiocre terrassier. Certains faisaient du très bon travail, des fils de paysans, ils étaient très compétents. Je dois avouer que le « Führer » n'a pas tiré grand-chose de moi.

À la mi-décembre 1944, vous êtes retourné à Traunstein pour suivre une formation militaire de base. Un de vos camarades raconte qu'on vous a donné l'ordre de faire une marche de quarante kilomètres avec vos masques à gaz. Certains se sont effondrés, mais vous avez bien résisté.

Quarante kilomètres, c'est exagéré, il me semble que c'était plutôt trente. Nous portions nos masques à gaz, c'est vrai, mais nous ne les avions pas enfilés. J'ai toujours été un bon marcheur, parce que nous allions à l'école à pied, de Hufschlag à Traunstein.

À partir de la mi-janvier 1945 – vous avez seize ans –, vous ne cessez d'être muté en des lieux différents aux environs de Traunstein. Vous avez été exempté au début du mois de février. Qu'est-ce que vous aviez ?

Rien de grave. J'avais un panaris, une infection du doigt. Mon pouce suppurait terriblement et me faisait affreusement mal. Le médecin, qui était plus vétérinaire que médecin (il rit), me l'a incisé sans anesthésie. Il n'a pas fait ça comme il fallait et mon doigt n'a pas guéri. Peut-être cela partait-il d'une bonne intention à mon égard. En tout cas, il m'a exempté de service.

Vous n'avez jamais pris part à des combats. Fin avril-début mai, racontez-vous dans vos souvenirs, vous avez « décidé de rentrer à la maison ». La formule est lapidaire. En réalité, il s'agissait de désertion, un acte passible de la peine de mort. Ne le saviez-vous pas ?

C'est une question que je me pose rétrospectivement. Je savais qu'il y avait des sentinelles, que l'on pouvait se faire abattre sur-le-champ et qu'une chose pareille ne pouvait que mal finir. Pourquoi je suis tout de même rentré chez nous sans gêne, je ne saurais plus vraiment l'expliquer et je me demande quelle part de naïveté il y a eu de ma part.

Qu'a dit votre père ? Après tout, vous étiez un déserteur.

Mon père, toute ma famille, m'ont immédiatement accueilli avec joie. J'ai déjà raconté que quand je suis arrivé à la maison, deux religieuses, des « demoiselles anglaises* », étaient assises à la table en train de consulter une carte. Quand je suis entré en uniforme, elles se sont écriées : « Ah ! Dieu merci, voilà un soldat, nous voilà enfin en sécurité. » (Rire.) C'était exactement le contraire, mais elles n'y ont pas songé.

Vous avez soudain vu surgir des SS chez vous, ce qui est resté sans conséquence bien que votre père les ait copieusement insultés. Peu avant la fin de la guerre, vous avez été fait prisonnier par des soldats de l'armée américaine. Vous

---

* Il s'agit de religieuses de l'Institutum Beatae Mariae Virginis fondé par Mary Ward, que l'on appelait couramment les « sœurs de May Ward » ou les « demoiselles anglaises » (N.d.T.).

*avez eu juste le temps d'emporter un carnet, ou du moins
de quoi écrire.*

Un cahier, un vrai cahier.

Qu'y avez-vous noté en captivité ?

Tout et n'importe quoi. Ce qui se passait, mais aussi
de vraies dissertations sur des thèmes que je savais avoir
été déjà donnés à l'Abitur. J'ai même essayé d'écrire des
poèmes en grec, ce genre de choses. Rien de précieux,
de simples reflets de mes journées.

*Certains de vos camarades ont été traumatisés par les
pénibles expériences de la captivité. Vous étiez dans un
camp de cinquante mille prisonniers près d'Ulm, comment
l'avez-vous vécu ?*

C'était très dur, indéniablement. Pour commencer,
on ne nous a rien donné à manger pendant deux jours.
Il a fallu attendre le troisième jour pour qu'on nous
distribue des rations américaines. Pour la première fois
de ma vie, j'ai vu du chewing-gum… Une fois arrivés
au camp, nous étions tout le temps dehors. Ça s'est
passé relativement bien pendant deux semaines, parce
qu'il faisait beau.

Vous dormiez sur un matelas en plein air, c'est ça ?

Directement par terre, il n'y avait pas de matelas.

Sans couvertures ?

Sans couvertures. Tant qu'il faisait chaud, ça allait.

*Ce n'était pas encore le plein été, c'était en mai, juin.
En réalité, vous êtes bien plus robuste qu'on ne le croit.*

(Il rit.) Quand on est jeune et qu'on a l'espoir que ça ne va pas durer éternellement…

Et quand il s'est mis à pleuvoir ?

Ça a été absolument atroce. Plusieurs groupes s'étaient rassemblés sous des tentes, mais je n'en faisais pas partie. Notre « chef de bloc » m'a affecté à l'un d'eux et ils m'ont fait comprendre si clairement que je n'étais pas le bienvenu que je suis ressorti. Finalement, un sous-officier qui avait une toute petite tente allemande – les tentes allemandes étaient très petites – a eu la gentillesse de me proposer de faire « tente commune » à nous deux. Plus tard, un autre camarade est arrivé avec une grande tente tchèque et nous nous sommes installés plus confortablement. Comme il a été libéré avant moi, il me l'a donnée pour que je la rapporte chez moi. Il est venu la récupérer plus tard à Hufschlag.

Vous avez parcouru à pied, avec la tente dans votre sac, tout le trajet de Munich jusque chez vous ?

Oui, oui (il rit)… le plus dur, c'était la faim. On ne nous servait un couvercle de gamelle de nourriture qu'une fois par jour. En plus, les vols étaient courants. Quand nous avons creusé tous les deux notre grotte pour planter la tente – nous nous sommes enterrés –, j'ai aménagé un petit compartiment dans lequel j'ai rangé le pain. Je me suis endormi et quand je me suis réveillé, il n'y était plus. Toujours est-il que nous avions très faim. Mais les associations qui organisaient des conférences et ce genre d'activités comptaient plus pour moi. Cela m'a permis de mieux supporter la situation.

La décision de devenir prêtre a continué à mûrir pendant votre captivité. La lecture de la biographie de Hildegarde de Bingen, Das lebendige Licht *(« La lumière vivante ») de Wilhelm Hünermann, que vous aviez déjà lue à quatorze ans, a-t-elle joué un rôle ?*

Mon frère nous en faisait la lecture le soir à la maison. Je ne dirais pas que cette lecture a été décisive dans ma vocation sacerdotale, mais qu'elle était édifiante, et nous a aidés. J'ai cherché plus tard à acquérir au moins des connaissances élémentaires sur cette grande figure. Elle m'a toujours occupé l'esprit, elle m'a intéressé ; elle m'a toujours été précieuse. Mais je ne m'y suis pas consacré en profondeur, comme j'en avais eu l'intention.

Qu'a dit votre mère de votre vocation sacerdotale ? L'a-t-elle approuvée clairement ? Comme la mère de Don Bosco par exemple, qui a pourtant ajouté : « Si tu devais un jour douter de ta vocation, retire ta soutane. Mieux vaut être un pauvre paysan qu'un mauvais prêtre. »

Ah ! c'est beau ! C'est une position que ma mère aurait approuvée même si elle n'a pas dit les choses en ces termes. Elle était heureuse que nous nous engagions dans cette voie, mon frère et moi. Mais elle estimait aussi que si cela ne nous convenait pas, il serait préférable que nous y renoncions. Elle s'en est donc toujours réjouie. Avec une joie retenue pourtant, parce qu'elle savait que les choses pouvaient également mal tourner.

Étudiant, vicaire, maître de conférences

Le 3 janvier 1946, vous commencez vos études à Freising. Vous avez fait le trajet en train en compagnie de votre frère Georg et d'un autre jeune homme de Traunstein, Rupert Berger. Qu'aviez-vous dans vos bagages ?

(Il rit.) Du linge, évidemment, ce qu'il faut pour vivre. Peut-être aussi un costume de rechange et quelques livres, mais très peu, car nous n'en avions pas.

Vous n'aviez pas de livres chez vous ?

Si, mais pas de ceux qui pouvaient m'être utiles là-bas.

Le train pour Munich devait être bondé de réfugiés, d'anciens soldats, de paysannes...

On était terriblement serrés. Les trains étaient tellement pleins qu'on avait le plus grand mal à y monter. Mais c'était normal à l'époque.

Qu'aviez-vous en tête sur la route ?

J'étais évidemment impatient de découvrir ce qui m'attendait. Le séminaire lui-même, mais surtout les cours, les professeurs. Nous avions un ami, un camarade de classe de mon frère, qui était déjà parti pour Tübingen en novembre. Dans leur zone d'occupation, les Français avaient immédiatement rouvert l'université, et la faculté de théologie avait pu se remettre au travail tout de suite. Il nous en avait parlé avec enthousiasme pendant les vacances de Noël, en nous disant que c'était tellement différent du lycée, et tout ça. Il était vraiment ravi. D'un autre côté, nous savions aussi qu'une grande partie de l'établissement de Freising était encore occupée par des prisonniers étrangers.

Comment s'est passée votre arrivée à Freising ?

C'était un vœu qui se réalisait : commencer enfin, entrer dans le monde de la science, de la théologie, dans la communauté des futurs prêtres. À notre arrivée, nous étions très impatients, mais nous étions aussi animés par une grande ouverture d'esprit, une grande disponibilité et un grand espoir. Je me rappelle encore les premières rencontres, même si depuis le temps, elles ne valent plus vraiment la peine d'être racontées. Et alors que nous gravissions le Domberg*, le premier à venir à notre rencontre fut celui qui allait devenir le professeur Fellermeier. Nous avons été surpris de découvrir un jeune homme très digne, très solennel. Les conditions de vie étaient un peu difficiles. La plus grande partie du séminaire servait encore d'hôpital militaire pour des étrangers. Une partie seulement avait été libérée à notre intention, et nous étions logés de façon assez rudimentaire.

Apparemment, la « colline sainte » était tout à fait à votre goût.

C'est vrai. La cathédrale était merveilleuse, d'une beauté renversante. De plus, les choses ont pris un bon

---

* Colline de Freising sur laquelle se dresse la cathédrale Sainte-Marie (N.d.T.).

départ. Nous avons commencé immédiatement par des exercices spirituels confiés au professeur Angermair, le moraliste de la faculté, qui étaient excellents. C'était un penseur novateur, plein de fraîcheur, qui tenait particulièrement à nous affranchir de la dévotion étriquée du XIXe et à nous ouvrir l'esprit. L'atmosphère nouvelle qui y régnait a été pour moi une avancée décisive. Et cela n'a fait qu'attiser encore ma curiosité à l'égard des enseignements, même si tout le reste n'a pas été d'emblée aussi convaincant.

La situation géographique du Domberg, avec cette vue sur les Alpes, est envoûtante. Et puis, il y a l'église, qui est incroyable, le cloître, la crypte. Tout cela respire la grande tradition du catholicisme bavarois, la prière, le vécu des croyants des siècles passés. L'élévation spirituelle est littéralement tangible.

Elle était encore grevée par la présence de l'hôpital militaire et par le fait que nous n'avions pas toute la maison à notre disposition. L'image de ce carré n'en était pas moins grandiose : l'abbaye Saint-Jean, la faculté, la cathédrale, l'église Saint-Benoît derrière, le séminaire, la chapelle, qui est magnifique, elle aussi. Aussi, malgré les conditions de vie difficiles, une atmosphère de guerre qui restait curieusement présente, c'était une joie que d'être désormais réunis. Ce lien, cette rencontre, cette communauté, c'est quelque chose dont je garde, avec le recul, une conscience très émue.

Dans vos souvenirs, vous mettez particulièrement en exergue les grandes célébrations liturgiques dans la cathédrale, mais aussi la contemplation silencieuse dans la chapelle du séminaire.

Les deux étaient d'une grande importance. La cathédrale, dans toute sa magnificence, est une église d'une beauté bouleversante. La musique sacrée était très belle, elle aussi. Quant à la chapelle, elle était petite, bien sûr – elle avait été agrandie de sorte qu'il y avait de la place pour tous, nous nous agenouillions tout au fond, c'était un peu loin –, et pourtant il en émanait, grâce à son retable et à son atmosphère, une force qui vous touchait profondément.

Vous avez par la suite gardé l'habitude des retraites spirituelles dans des monastères. À Scheyern, chez les bénédictins, par exemple. Quelles retraites et quels exercices spirituels avez-vous particulièrement appréciés ?

Les premiers exercices spirituels, en 1946, étaient particulièrement émouvants. Et puis, évidemment, ceux qui ont précédé notre diaconat et notre ordination – se rassembler encore une fois, prier, dans l'attente de ce grand moment – se sont profondément gravés dans mon âme. Parce que l'on parcourt encore une fois intérieurement tous les chemins, que l'on se recueille, que l'on s'ouvre et que l'on se demande une fois encore : en suis-je digne, en suis-je capable ? Pour moi, c'était très, très émouvant. Après l'ordination, nous avions chaque année trois jours d'exercices spirituels obligatoires. Je me souviens avec une émotion particulière de ceux du père Swoboda, un camillien de Vienne, ordre fondé par Camille de Lellis. Il prêchait les exercices avec fraîcheur, force et résolution, en même temps qu'avec une grande compétence. Hugo

Rahner* nous a, lui aussi, donné des exercices spirituels. Je dois avouer qu'ils étaient un peu déprimants.

Déprimants ?

Je ne sais pas, peut-être étaient-ce les premières manifestations de sa maladie. Quoi qu'il en soit, pour lui, la foi n'était pas que joie. C'était avant tout une foi pleine de tension, je l'ai ressentie comme cela. En revanche, l'année suivante, nous avons eu un père de Saint-Michel qui nous donnait des exercices spirituels gais. Nous en sommes tous sortis joyeux et heureux. C'était un homme très simple. Mais il rayonnait de joie. Il nous racontait aussi des histoires amusantes. Par exemple, quand il n'avait pas d'idée de sermon pour Saint-Michel, il mettait le chapeau du père Rupert Mayer**, et d'un coup, l'inspiration lui venait. J'ajouterai enfin que les exercices spirituels que j'ai faits chaque année à Scheyern quand j'étais évêque, seul, sans direction donc, ont toujours été des moments de recueillement et d'ouverture spirituels.

Vous aviez déjà pris votre réservation pour 2005. Or vous avez été élu pape peu avant. Pourquoi Scheyern ?

Nous nous y étions rendus une fois en visite, mais je ne connaissais pas vraiment le monastère. Dans les premiers jours de mon épiscopat, Tewes*** m'a annoncé qu'il allait faire une retraite quelque temps à Scheyern. Je me suis dit : ça serait bien pour toi, ça. La campagne à perte de vue, les vastes forêts, le calme relaxant et la

---

* Le frère du théologien Karl Rahner (N.d.A.).
** Prêtre jésuite de Munich, opposant au national-socialisme, mort en 1945 et béatifié en 1987 (N.d.A.).
*** Un évêque auxiliaire de Munich (N.d.A.).

sincérité, la simplicité de l'abbaye et la régularité de la vie qu'on y mène, tout cela me tentait beaucoup.

Au moment où vous avez commencé vos études à Freising, vous faisiez littéralement partie de la première promotion de prêtres après l'enfer de la dictature nationale-socialiste et de la guerre mondiale. Peut-on dire que la profonde expérience de la dictature brune a fondamentalement marqué votre action ?

Oui, il *faut* même le dire. Nous avons vécu une époque où le « nouveau Reich », le mythe allemand, la culture germanique étaient considérés comme admirables, alors que le christianisme passait pour méprisable, surtout le christianisme catholique parce qu'il était romain et juif. La guerre nous a imposé des contraintes encore plus fortes. On avait conscience d'être quotidiennement en danger. Aussi longtemps que nous avons eu à craindre une victoire du Troisième Reich, nous savions que tout, la vie tout entière, pouvait être détruit. Et pourtant, nous avons toujours su qu'un triomphe d'Hitler était impossible. La victoire rapide contre la France, suivie de l'avancée rapide en Russie, la victoire des Japonais qui ont anéanti peu après toute la flotte américaine, ont été des moments de vive inquiétude. Qu'il était beau de retrouver la liberté, de vivre en un temps où l'Église pouvait à nouveau éclore, s'interroger, se chercher aussi. En même temps, on voyait les anciens nazis courber soudain l'échine devant l'Église. Je pense notamment à un de nos anciens professeurs de français, un nazi épouvantable qui détestait les catholiques et était allé trouver le prêtre de Haslach avec un bouquet de fleurs, ce genre d'histoires…

Vous avez rarement abordé le thème du Troisième Reich et du fascisme hitlérien dans vos écrits. À quoi cela tient-il ?

Le regard se porte toujours vers l'avenir. Et puis, ce n'était pas vraiment mon sujet d'étude. Nous portions cette expérience en nous, mais il ne m'a pas paru de mon devoir d'y consacrer une plus grande réflexion historique ou philosophique. Ce qui m'importait, c'était la perspective de demain. Où vivons-nous aujourd'hui ? Comment l'Église évoluera-t-elle ? Comment la société évoluera-t-elle ?

Mais il y avait la question de la responsabilité collective de la population allemande ou de l'implication de l'Église dans le système national-socialiste. Du coup, la thématique a été reprise par l'autre camp.

Je dois dire que nous avons vécu les choses différemment. Aujourd'hui, c'est tout juste si l'on ne fait pas de l'ensemble de l'Église un instrument des nazis. Sur le moment, nous l'avons vue réellement harcelée – je n'irai pas jusqu'à dire persécutée – et comme un lieu de résistance. Je me rappelle encore très bien qu'après la guerre, alors que d'un coup, plus personne ne voulait avoir été nazi, notre curé nous a dit : « Vous allez voir qu'on finira par dire que les prêtres ont été les seuls à être nazis. » Tout le monde a ri, c'était effectivement une plaisanterie. Personne n'aurait pu imaginer une chose pareille, parce que chacun savait pertinemment que l'Église était la seule force à avoir tenu bon. Bien sûr, il n'y a pas eu une résistance très active, pas d'actions révolutionnaires. Tout le monde savait cependant que dès que la guerre serait finie, les nazis s'empresseraient d'éliminer l'Église catholique et qu'ils ne la toléraient que parce qu'ils avaient besoin de toutes les forces tant que le conflit durait. L'idée que l'Église aurait pu, sous une forme ou une autre, être complice du régime ne nous est jamais venue à l'esprit. On n'a reconstruit les choses comme ça qu'ultérieurement.

Pourtant on ne peut pas affirmer non plus, pour reprendre vos propos, que l'Église d'Allemagne ait été de façon générale un lieu de résistance. Certains ont suivi le mouvement, plusieurs évêques également. Il est vrai que cela a été plus fréquent dans l'Église protestante.

Il y a eu les « Chrétiens allemands* », que tout le monde a oubliés aujourd'hui mais qui étaient vraiment dominants. Il est vrai qu'il a pu arriver à mon père de pester contre le cardinal Faulhaber parce qu'il aurait voulu qu'il prenne position encore plus fermement contre les nazis, mais il a tout de même témoigné contre eux. Les archives de Traunstein révèlent que les nazis disaient : « Ce séminaire est dominé par l'esprit de Faulhaber », autrement dit par des idées antivölkisch, etc. Faulhaber était l'incarnation de ce que détestaient les nazis. Mon père trouvait lui aussi que les évêques auraient dû s'exprimer encore plus clairement. Tout le monde n'avait évidemment pas le même tempérament, mais nous n'avons jamais eu le sentiment d'une participation de l'Église. Cette incompatibilité était déjà ancrée dans le livre de référence des nazis, *Le Mythe du XXe siècle*** : leur fondement idéologique était absolument antichrétien.

---

* Les « Deutschen Christen ». Mouvement national-socialiste créé avant même l'arrivée des nazis au pouvoir, qui s'est efforcé de prendre le contrôle du protestantisme en Allemagne (N.d.T.).

** *Der Mythus des 20. Jahrhunderts.* Ouvrage d'Alfred Rosenberg publié en 1930 et constituant un des fondements théoriques du mouvement

Si vous n'avez pas abordé explicitement ces questions par la suite, est-ce uniquement parce que ce n'était pas votre sujet d'étude ? Tout de même, c'était et cela reste une grande question de société.

Oui, bien sûr. Mais ma mission n'était pas d'en faire un objet d'étude scientifique.

Le père Höck, le supérieur du séminaire de Freising, évoquait-il son internement en tant que prêtre dans le camp de concentration de Dachau ?

Oui, un jour, il en a parlé tout un après-midi. Il a dessiné un petit croquis sur le mur et nous a tout expliqué en détail.

Y avait-il des discussions sur la « Rose blanche », sur la résistance ?*

On en était informés et on en parlait. Nous étions fiers de la « Rose blanche ». Nous avons appris qu'ils avaient fait ça, à Munich, quand nous étions élèves à Traunstein, et toute la classe a exprimé sa sympathie. Tout le monde a dit : « Ils ont du cran. »

Plus tard, vous avez entretenu des liens étroits avec la sœur du professeur Kurt Huber, l'un des principaux membres de la « Rose blanche » à Munich.

C'était une femme remarquable, profondément croyante, d'une grande probité.

---

national-socialiste (N.d.A.).

  * Groupe d'opposition au national-socialisme fondé en 1942 à l'université de Munich et rassemblant essentiellement des étudiants. Ses membres furent arrêtés en février 1943. La plupart d'entre eux furent exécutés (N.d.T.).

Une des lectures clés de vos années d'études a été celle de l'ouvrage Der Umbruch des Denkens *(« La Révolution de la pensée ») de Theodor Steinbüchel, spécialiste de théologie morale et d'éthique sociale. Quelle image aviez-vous de vous-même, dans votre jeunesse ? Celle d'un jeune homme moderne, critique ?*

Je n'avais pas envie de me contenter d'une philosophie éculée, rebattue. Pour moi, la philosophie devait être une interrogation : qu'est-on réellement ? Je voulais avant tout découvrir ce qu'il y avait de nouveau, m'engager dans la philosophie moderne. En ce sens, oui, j'étais moderne et critique. La lecture de Steinbüchel a été très importante pour moi parce qu'il proposait – comme dans *Die philosophischen Grundlagen der christlichen Moraltheologie* (« Les fondements philosophiques de la théologie morale chrétienne ») – un vaste aperçu de la philosophie moderne, que je m'efforçais de comprendre et à laquelle je souhaitais participer. Malheureusement, je n'ai pas pu me consacrer aussi profondément à la philosophie que je l'aurais souhaité. Mais de la même manière qu'en philosophie j'étais travaillé par des interrogations et des doutes et que je refusais de me contenter d'apprendre et d'adopter un système fermé, j'ai cherché à renouveler la compréhension des penseurs théologiques du Moyen Âge et des temps modernes et à l'approfondir. En l'occurrence, le personnalisme, qui était alors dans l'air, m'a particulièrement séduit et m'est apparu comme un bon point de départ pour la réflexion philosophique et théologique.

De cette époque date également une autre lecture clé, Catholicisme, les aspects sociaux du dogme *d'Henri de Lubac. Vous avez écrit qu'« à partir d'un type de foi individualiste et moralement étriquée, Lubac ramenait ses lecteurs à la nouvelle liberté d'une foi essentiellement pensée et vécue dans une dimension communautaire ». Cette foi se distingue de celle de votre enfance, de vos origines. Cela a-t-il donné lieu à un conflit ?*

On ne peut pas parler de conflit, non. C'était un élargissement, une vision plus vaste mais qui, pour moi, était fondamentalement similaire à la piété que nous avions apprise dans notre enfance. En effet, il allait toujours de soi que l'amour du prochain est essentiel et que la foi s'attache à une compréhension globale. Il s'agissait donc en un sens de la découverte du sens fondamental, qui n'avait pas pu apparaître sous cet aspect dans notre théologie de catéchisme. J'ai trouvé là en vérité une continuité interne – et, bien sûr, la joie de pouvoir voir la foi, après des formulations un peu dépassées, sous un jour nouveau, plus vaste, plus engagé aussi dans la vie moderne. Cela a été une vraie avancée. Mais pas une discontinuité.

Aucun conflit donc avec la foi de votre père, avec son univers d'idées ou de piété ?

Non, parce que mon père était un homme extrêmement réaliste. Il s'intéressait beaucoup à la doctrine sociale catholique. Au catholicisme en tant que réalité sociale. Ce genre de sujets le préoccupaient. En ce sens, j'avais donc été préparé intérieurement à cette ligne de pensée.

Dans votre désir de découvrir, d'explorer des choses nouvelles, vous est-il arrivé de discuter de ces sujets avec votre père ?

Non. Il n'était pas du genre à discuter de ça. Mais il savait que nous étions bien dirigés et que nous ne perdrions pas, pourrait-on dire, le substrat spirituel, la prière et les sacrements. C'était décisif pour lui.

Vous avez affirmé un jour à propos de vos débuts à la faculté : « Quand j'ai commencé à étudier la théologie, j'ai également commencé à m'intéresser aux problèmes intellectuels, parce qu'ils révélaient le drame de ma vie et, surtout, le secret de la vérité. » Nous en avons déjà parlé dans Le Sel de la terre *et vous aviez estimé à l'époque que cette expression était un peu ampoulée. Je vais donc vous reposer la question très directement : quel est le « drame de votre vie » ?*

Qu'est-ce que je vais faire de ma vie ? Dois-je me faire prêtre, oui ou non ? Suis-je vraiment fait pour cela ? Et plus généralement : Pourquoi suis-je là ? Qu'est-ce qui m'arrive ? Qui suis-je ?

Permettez-moi de me répéter : quelle image aviez-vous de vous-même ?

Nous étions progressistes. Nous voulions renouveler intégralement la théologie et donner à l'Église une forme nouvelle, plus vivante. Nous avions la chance de vivre à une époque où le mouvement de la jeunesse et le mouvement liturgique avaient ouvert de nouveaux horizons, de nouvelles voies. Nous voulions faire avancer l'Église, nous étions convaincus qu'il serait ainsi possible de la rajeunir. Nous éprouvions tous, c'était la mode alors, un certain mépris pour le XIXe siècle. Le néogothique, ces figures de saints un peu kitsch, la piété étriquée, un peu kitsch elle aussi, et le sentimentalisme. Nous voulions dépasser tout cela. Et ce grâce à une nouvelle phase de piété qui prendrait forme à partir de la liturgie, de sa sobriété et de sa grandeur, en revenant aux origines – ce qui en faisait précisément la nouveauté et la modernité.

Étiez-vous existentialiste ?

Je n'ai pas beaucoup lu Heidegger, un peu tout de même, et je l'ai trouvé intéressant. Nous nous sommes emparés de cette philosophie, de ces concepts, avec une grande curiosité. Comme je l'ai déjà dit, je voulais sortir du thomisme classique, et saint Augustin a été pour moi un auxiliaire et un guide. Je tenais donc aussi à engager un dialogue vivant avec les nouvelles philosophies. Mais je n'ai jamais été existentialiste.

Ce « dialogue avec saint Augustin » pour lequel vous vous sentiez désormais suffisamment mûr, comme vous l'écrivez dans vos souvenirs, a été un dialogue que vous aviez, dites-vous, « cherché à nouer depuis longtemps, par différents biais ». Voilà qui paraît un peu mystérieux.

(Il rit.) Quand on est jeune, on a une assez haute opinion de soi, on est persuadé qu'on arrivera à quelque chose. J'ignorais le complexe « de très grands érudits ont déjà écrit sur la question ». Au contraire, je me disais : nous sommes jeunes, nous avons une approche différente. Et fort de cette conviction que nous pouvions reconstruire le monde, je n'avais pas peur des grandes choses. Il est exact que je suis tombé sur saint Augustin au début de 1946 et que j'ai lu un certain nombre de ses écrits. La lutte personnelle qui s'exprime chez lui m'a profondément touché. Les écrits de saint Thomas sont dans l'ensemble des manuels scolaires, ils ont quelque chose d'un peu impersonnel. Bien qu'ils soient également sous-tendus par une grande lutte, bien sûr, mais on ne le découvre que plus tard. Saint Augustin en revanche lutte contre lui-même, même après sa conversion. D'où un côté dramatique et beau.

À cette époque, vous alliez volontiers au théâtre et à l'opéra à Munich. Qu'est-ce qui vous intéressait particulièrement ?

Fondamentalement, la représentation de la vie humaine, des choses humaines. J'ai été particulièrement fasciné par *Le Soulier de satin* de Paul Claudel, et aussi par *Le Général du Diable* de Zuckmayer et par *Dialogues des carmélites*, que Georges Bernanos a écrit en s'inspirant du récit de Gertrud von Le Fort *La Dernière à l'échafaud*. J'ai également gardé le souvenir d'une superbe représentation du *Songe d'une nuit d'été* de Shakespeare ou d'une pièce de Paul Claudel sur la reine Isabelle, dont le portrait manichéen des Espagnols et des Indiens ne pourrait aujourd'hui que nous étonner.

Restons dans le domaine des beaux-arts : avez-vous un peintre préféré, un tableau préféré ?

La peinture hollandaise m'a toujours beaucoup plu. Et puis aussi nos artistes baroques bavarois.

Van Gogh, parmi les Hollandais ?

Non, les anciens maîtres, Rembrandt par exemple, c'était un vrai mythe dans notre jeunesse. Mais surtout Vermeer van Delft. Ma sœur m'a offert un très beau tableau de lui.

Et Mozart ? Quelles sont vos œuvres préférées de lui ?

Il y a un quintette avec clarinette que j'aime beaucoup. Et puis bien sûr, la *Messe du couronnement* que j'apprécie depuis mon enfance. J'aime particulièrement le *Requiem*. C'est le tout premier concert auquel j'ai été, à Salzbourg. Et puis *Une petite musique de nuit*. Nous essayions de la jouer à quatre mains au piano quand nous étions petits. Sans oublier évidemment *La Flûte enchantée*. Parmi les opéras, je citerais aussi *Don Giovanni*.

Passons à Jean-Sébastien Bach. Une ou deux œuvres préférées ?

Ah ! Bach, j'aime particulièrement la *Messe en si mineur*. J'en ai demandé un nouvel enregistrement à mon frère pour Noël. Et puis, évidemment, la *Passion selon saint Matthieu*.

J'aimerais vous interroger à présent sur Karl Valentin*. Qu'est-ce qui vous plaisait tant chez cet humoriste et ce non-conformiste bavarois ? Dans le courant de l'été 1948, vous avez entrepris depuis Fürstenried un pèlerinage jusqu'à sa tombe, à Planegg. Cela fait tout de même trente kilomètres à pied.

Cela ne m'a pas semblé aussi long. J'ai toujours été bon marcheur (il rit). À l'époque, j'avais un collègue, Walter Dietzinger, il est mort depuis, un type remarquablement intelligent, un peu bizarre, qui était, lui aussi, un grand admirateur de Valentin. Grâce à lui, j'ai fini par comprendre et même par accorder une certaine importance à cette gaieté étrange et bougonne, à ce genre tout à fait singulier d'humour à plusieurs niveaux. J'ai compris que des choses qui vous font rire peuvent également vous faire réfléchir après coup.

Il y a cette jolie formule de Valentin : « Je vais me rendre visite aujourd'hui, j'espère que je serai chez moi. »

---

* Karl Valentin (1882-1948), artiste de cabaret et comédien allemand qui a connu son heure de gloire sous la république de Weimar (N.d.T.).

Je la connais. Hitler lui a tendu la main un jour et lui a dit : « Monsieur Valentin, vous m'avez souvent fait rire aux éclats. » Et il lui a répondu : « Vous, vous n'avez encore jamais réussi à me faire rire. »

C'est véridique ?

Oui, oui, absolument.

Un professeur de Munich, Gottlieb Söhngen, vous a particulièrement marqué. Quelles ont été vos premières impressions ?

J'ai été emballé dès le premier cours. Comme il était rhénan, il avait une éloquence naturelle et une manière de parler qui vous plongeait directement dans le sujet. Surtout, il savait comment aborder les problèmes. Un certain positivisme régnait alors dans les disciplines historiques et dans l'exégèse. Or Söhngen ne cherchait absolument pas à présenter une sorte de monument académique, solide et grandiose. Il préférait demander : Qu'en est-il réellement ? Est-ce que cela me concerne ? Voilà ce qui m'a touché chez lui.

Y avait-il aussi une proximité personnelle entre vous ?

À l'époque, on respectait profondément les professeurs, c'était encore un autre monde. Et moi et mon frère étions des petites gens de la campagne. Mais au premier examen, je me suis effectivement rapproché de lui à titre personnel.

A-t-il rapidement fait comprendre qu'il vous considérait comme son meilleur élève ?

Non. D'ailleurs, il n'aurait pas pu le faire.

Pourquoi ?

Parce que, en réalité, je n'étais encore qu'un gamin et qu'il fallait d'abord que je commence par approfondir un peu tout ça.

Mais vous étiez de fait son meilleur élève. Cela vous pesait-il ?

Je ne me considérais pas comme tel. Non, j'étais content d'arriver à travailler, de comprendre ce qu'il attendait de moi, de me rapprocher peu à peu de la théologie dans son ensemble et de pouvoir essayer de réaliser quelque chose.

Peut-on dire que Söhngen a été votre véritable professeur de théologie ?

On peut le dire, et même, il faut le dire. Les autres aussi ont évidemment beaucoup compté pour moi. La dogmatique de Schmaus a également contribué à ma formation. Et puis Pascher, évidemment, surtout ses conférences. Chaque semaine, il faisait ce qu'il appelait trois « points ». Dans ce cadre-là, il s'exprimait sans inhibitions, librement, pendant une heure parfois. Le corps enseignant dans son ensemble m'a vraiment marqué. Söhngen en était le plus brillant, celui qui m'a le plus touché, celui chez qui j'ai trouvé et compris avec le plus de force ce qu'est la théologie.

Quelle était la singularité de l'« École de Munich » ?

Elle était entièrement marquée par la Bible, par les Saintes Écritures, les Pères de l'Église et la liturgie. Elle était aussi très œcuménique. La philosophie thomiste y était un peu absente, peut-être lui aurait-elle fait du bien.

Söhngen faisait partie des théologiens qui jugeaient impossible d'étayer dogmatiquement l'Assomption. Peut-on dire qu'à cette époque le culte de la Vierge et la mariologie n'étaient pas particulièrement prononcés chez vous ?

J'étais catholique, bien sûr, et les dévotions du mois de mai, les célébrations de la Vierge pendant l'Avent, le mois du rosaire et tout simplement l'amour pour la mère de Dieu font partie intégrante du catholicisme, mais sa présence n'était pas aussi profonde, pas aussi puissamment affective que dans des pays catholiques classiques comme la Pologne et l'Italie. La Bavière est certes, elle aussi, un pays de tradition catholique, cependant la ferveur émotionnelle n'y était pas aussi forte qu'ailleurs. Le culte de la Vierge m'a marqué, mais en même temps que le christocentrisme – et intégré à lui.

Pourtant, votre père était un grand adorateur de la Vierge.

Ma mère aussi. Ce culte était très présent dans la famille et faisait partie de mon orthodoxie catholique. Dès notre plus jeune âge, par exemple, nous avons dressé un autel de mai dans notre village. En revanche, la formation théologique était très christologique, très proche de l'ancienne Église ; si la mariologie n'en était pas absente, elle n'était pas puissante en soi. La piété traditionnelle et ce que nous apprenions en théologie n'avaient donc pas encore entièrement fusionné.

Söhngen avait-il des contacts avec Romano Guardini ?

Ils se connaissaient, certes, mais je ne crois pas qu'ils aient été très liés.

Estimait-il, comme d'autres, que Guardini n'était pas un vrai théologien ?

(Il rit.) Je ne m'aventurerais pas à dire une chose pareille. Il est vrai qu'il a cité Guardini dans un passage de son livre *Die Einheit in der Theologie* (« L'Unité dans la théologie »). Il ajoute en note : « Je suis malheureusement incapable de retrouver la citation exacte, et demande qu'on y voie le signe d'une relation vivante avec un auteur. » Je dirais qu'il le connaissait, mais que le lien entre eux n'était pas très étroit. Pascher et Schmaus en revanche étaient intimement liés à Guardini.

Et vous, l'avez-vous connu personnellement ?

Pas très bien. Notre première rencontre personnelle a eu lieu à Bogenhausen. C'est là qu'il habitait. Un vendredi soir, il nous a téléphoné pour nous demander s'il pouvait célébrer la messe du dimanche et le prêtre…

… cela se passait chez le prêtre Blumschein, où vous étiez vicaire.

… le prêtre n'en revenait pas. Guardini veut officier chez nous, il veut dire la messe du soir ! Il était dans tous ses états. Guardini était un homme plutôt réservé, mais très simple et très agréable. Mon frère le connaissait mieux que moi parce que, à l'époque, il était vicaire à Saint-Louis et le voyait tous les dimanches. En 1956, nous nous sommes rendus avec un ami en Franconie, où vivait un oncle à moi, un frère de ma mère. Sur la route, nous avons traversé Rothenfels et nous nous sommes dit que c'était l'occasion de monter jusqu'au château*,

---

* Le « Burg », qui abrite une auberge de jeunesse et un centre des congrès (N.d.T.).

où Guardini avait passé pendant des dizaines d'années ses étés avec des jeunes. Et ce serait encore mieux que Romano Guardini passe à ce moment précis la porte du château. Nous sommes montés, et devinez un peu ? Voilà que Guardini franchit la porte du château (il rit aux éclats). C'était comme un rêve. Il a eu l'air très content : « Mais qui voilà ! » Nous avons un peu bavardé. Il n'y a pas eu cependant d'autres rencontres personnelles.

Un de vos camarades d'études, Rupert Berger, raconte que vous voyiez aussi Guardini de temps en temps, quand il donnait des conférences dans la salle des fêtes de l'université où tous les étudiants se pressaient.

C'est vrai. Un petit livre qu'il a écrit sur Jésus – pas le gros – a été un des premiers ouvrages que j'ai lus après la guerre. Il m'a vraiment fasciné, alors que d'autres livres sur Jésus m'avaient paru ennuyeux et sans substance. Il était donc effectivement dans mon champ de vision.

Votre cursus comprend également une formation pratique au sacerdoce, qui exige notamment qu'on se serve de poupées pour apprendre à baptiser un bébé dans les règles de l'art.

Oui, il s'agissait des disciplines pratiques – théologie pastorale, liturgie – où l'on apprend à dire la messe, à administrer les sacrements ou à faire la catéchèse à l'école. Nous avons essayé d'apprendre tout cela en groupes, sous le contrôle du supérieur adjoint. Et peu à peu, ça a fini par entrer.

Sans doute ne preniez-vous pas cet apprentissage très au sérieux en vous disant : de toute façon, je ne serai pas prêtre. La prêtrise n'était pour vous qu'une étape vers un autre but.

Non, non, je m'étais déjà fait très consciemment cette promesse : rien ne m'oblige à être professeur. Je suis disposé à être prêtre et j'ai envie de l'être. Ça a été une grande lutte intérieure. Il était essentiel pour moi que je puisse en répondre au cas où l'évêque ne voudrait pas que je devienne prêtre.

Vos souvenirs contiennent une réflexion remarquable. Vous dites avoir senti très tôt que Dieu voulait de vous quelque chose qui ne pouvait se réaliser que si vous deveniez prêtre.

C'est vrai. Je savais, d'une manière ou d'une autre, que Dieu voulait quelque chose de moi, qu'Il attendait quelque chose de moi. Et il est devenu de plus en plus évident à mes yeux que cela passait par la prêtrise.

En l'occurrence, il s'agit manifestement de quelque chose qui va plus loin que cela, qui dépasse la prêtrise.

En effet, Il exige de chacun quelque chose de précis. J'étais convaincu qu'Il voulait également quelque chose de moi. Par ailleurs, je pensais déjà que ce serait dans le domaine de la théologie, même si ce n'était pas encore parfaitement défini.

Vous avez donc manipulé très sérieusement ce poupon sur les fonts baptismaux ?

Mais oui !

... avec adresse ou maladresse ?

En fait, j'étais beaucoup moins maladroit que d'ordinaire. Puis, pendant ma première année de vicariat à Bogenhausen, j'ai dû célébrer de nombreux baptêmes. J'en avais deux ou trois par semaine parce qu'il y avait une maternité dans notre paroisse.

La formation de prêtre comprenait aussi des cours de chant. Apparemment, c'est un ancien chanteur d'opéra qui vous faisait cours.

M. Kelch, oui. Il est mort à présent. À plus de quatre-vingt-dix ans.

Votre registre vocal vous posait-il un problème ? Avez-vous dû le travailler ?

Un peu, oui. Mais bon, on ne peut pas changer grand-chose.

Les invitations à votre première messe portent cette devise : « Nous ne sommes pas les maîtres de votre foi, mais les serviteurs de votre joie. » D'où cela vient-il ?

Dans le cadre d'une conception moderne de l'Église, nous n'avons pas seulement pris conscience que la manie des titres honorifiques est une mauvaise chose et que le prêtre est toujours un serviteur ; nous avons aussi beaucoup travaillé intérieurement pour éviter de nous mettre sur ce piédestal. Je n'aurais jamais osé me présenter comme « Monseigneur ». À mes yeux, être conscient que nous ne sommes pas des maîtres mais des serviteurs était tout à la fois réconfortant et important à titre personnel pour que je puisse recevoir l'ordination. Cette phrase était donc un motif central pour moi. Un motif que j'ai trouvé dans la lecture, celle des

Saintes Écritures, dans les textes les plus divers, et qui m'a paru exprimer avec justesse ce que j'étais.

Vos élèves disent avoir observé au fil des décennies que vous n'avez jamais cédé à la routine en célébrant l'eucharistie. D'après eux, vous avez toujours célébré la transsubstantiation avec une ardeur intacte, comme si c'était la première fois.

Il faut dire que c'est tellement émouvant que cela vous touche chaque fois. C'est tout de même quelque chose d'extraordinaire, que le Seigneur soit là, en personne. Que le pain ne soit plus du pain mais le corps du Christ, voilà qui ne peut bien sûr que vous pénétrer profondément.

À propos de votre vicariat à Bogenhausen : l'expérience acquise pendant cette période se retrouve-t-elle dans votre article « Les nouveaux païens et l'Église » ?

Cette année-là fut en réalité la plus belle de ma vie. Mais j'ai aussi vécu ma nouvelle situation de manière très dramatique, en cours de religion justement. On se tient devant quarante garçons et filles, qui participent très gentiment au cours, alors qu'on sait que chez eux, ils entendent le contraire de ce qu'on est en train de leur expliquer. « Mais Papa dit que ce n'est pas la peine de prendre tout ça tellement au sérieux », voilà le genre de choses qu'il m'arrivait d'entendre. On sentait que sur le plan des institutions, tout était encore en place, mais que le monde réel s'était déjà considérablement éloigné de l'Église.

Est-ce qu'avec cet article on ne vous a pas un peu pris pour un fou ? Après tout, c'était une époque où l'Église, après la guerre, connaissait visiblement un nouvel

épanouissement, où elle se renforçait sur le plan des insti-
tutions. Et voilà que quelqu'un arrive qui prétend qu'un
nouveau paganisme est en train de se développer.

Sans doute. En même temps, c'était tellement fla-
grant. Nous faisions du bon travail auprès des jeunes.
Mais ils étaient tous tiraillés intérieurement parce que
leurs sentiments religieux les plaçaient en porte-à-faux
avec leur propre monde.

« Les nouveaux païens et l'Église », publié en 1958
dans la revue Hochland, *est votre première provocation*
retentissante, la première de toute une série qui ne s'est
pas interrompue sous votre pontificat. Quelles ont été les
réactions ?

Plutôt négatives dans l'ensemble, malheureusement.
Curieusement, un article est paru qui prétendait que ce
texte représentait une prise de position contre la CSU.
C'était vraiment singulier. Et ensuite, on s'est mis à
raconter à droite et à gauche que j'avais tenu des propos
hérétiques. À Freising, où je me trouvais au moment
de la publication de cet article, certains ont été effarés.
J'avais déjà obtenu ma nomination à Bonn. Notre collègue Scharbert, le spécialiste de l'Ancien Testament,
qui avait passé son habilitation à l'enseignement à
Bonn et y entretenait de bonnes relations, m'a dit que
là-bas aussi on avait été plutôt consterné. Ils se deman-
daient s'ils avaient bien fait de me nommer. À Munich,
c'est surtout le cardinal Wendel qui s'est intéressé à
l'affaire. Il m'a raconté par la suite que, bien qu'on lui
ait dit que c'était très préoccupant, jamais il n'aurait
pris de décision, en l'occurrence celle de me désapprou-
ver, sur la foi d'un unique article. C'était curieux, je ne
comprenais vraiment pas ce qui pouvait déranger à ce

point, encore aujourd'hui. En tout état de cause, ça a fait beaucoup de remous.

Cet article était un signal d'alarme précoce, un appel ardent à reconnaître les signes du temps. A-t-il suscité tout de même quelques réactions positives ?

Oui, bien sûr. Tout d'abord de la part du cercle de la revue *Hochland* réuni autour de Franz Josef Schöningh, qui n'était pas seulement l'éditeur de *Hochland* mais aussi le cofondateur et l'éditeur du *Süddeutsche Zeitung*. Ils ont présenté l'article comme une intervention importante.

Est-ce que le texte publié par l'écrivain Ida Friederike Görres dans les Frankfurter Hefte *vous a incité à écrire votre article ? Elle y évoque en novembre 1946 le quotidien décevant de nombreux catholiques et la situation alarmante qui règne dans l'appareil ecclésiastique.*

Ce texte était très connu. Tout le monde en discutait à l'époque. Il a provoqué une vive indignation à Freising. J'en connaissais le contenu, mais je ne l'avais pas lu. Ce qui m'a inspiré était simplement l'expérience concrète de l'Église telle que je venais de la faire comme vicaire. Quelqu'un a ensuite invité Mme Görres au séminaire de Freising pour une conférence. Et le cardinal Faulhaber a déclaré : « Il n'est pas question que cette femme prenne la parole dans mon séminaire ! »

Vous avez fait la connaissance de Mme Görres en 1970. Vous avez engagé avec elle une importante correspondance et l'avez souvent...

... rencontrée personnellement. Je l'ai également enterrée. Elle avait lu mon livre *La Foi chrétienne hier et aujourd'hui**, qui l'avait enthousiasmée, et elle était heureuse de découvrir un jeune théologien, une nouvelle génération, qui représente un christianisme croyant. Elle était très critique à l'égard des formes de dévotion du XIXe siècle. Mais lorsque l'éveil postconciliaire a éloigné de la foi et conduit à une autre situation, elle a adopté, là encore, une position très rigoureuse – et a été heureuse d'avoir trouvé à travers ce livre un jeune théologien tout à la fois moderne *et* croyant. Elle m'a écrit immédiatement et m'a rendu visite plus tard à Ratisbonne.

Vous êtes ensuite nommé maître de conférences au séminaire de Freising, et vous donnez vos premiers cours, notamment sur la pastorale sacramentelle. En même temps, vous prenez la direction d'un groupe de jeunes. Vous avez aussi été, ce que presque personne ne sait, aumônier des étudiants de 1955 à 1959.

L'université technique de Freising possède une faculté d'agriculture et de brasserie, l'« Oxford de la brasserie ». Il y avait là des Chinois, des étudiants de toute la planète, il y avait par exemple un jeune Cubain enthousiasmé par la révolution de Castro. À l'époque, on pouvait encore s'enthousiasmer pour elle, c'était même de bon ton. Cette période a été très enrichissante pour moi. D'une part, je donnais une conférence un soir par mois, d'autre part, j'étais régulièrement invité par les associations d'étudiants. Je disposais aussi d'un petit fonds de secours pour aider les étudiants en

---

* Voir note p. 178.

difficulté. C'étaient des jeunes très sympathiques, j'ai vécu beaucoup de belles choses avec eux.

Avez-vous aussi passé beaucoup de temps au confession-nal au cours de ces trois années ?

Bien sûr. Tous les samedis. Deux heures en moyenne.

Qu'y entend-on ?

C'étaient surtout des séminaristes qui venaient. Ils m'appréciaient tout particulièrement parce que j'étais apparemment très large d'esprit. (Rire.)

Le 21 février 1957. Cette date vous dit-elle quelque chose ?

C'est le jour de la soutenance publique de ma thèse d'habilitation, qui donne la qualification pour enseigner à l'université. À cause du rapport négatif du deuxième rapporteur, Schmaus, on a d'abord refusé ma thèse pour que je l'améliore. La deuxième version a ensuite été acceptée. Mais l'ambiance était tellement tendue que je ne me sentais pas dans mon assiette avant la soutenance. J'avais proposé pour ma soute-nance un sujet historique. Généralement, le corps enseignant acceptait toujours les propositions, mais on m'a répondu que, comme je passais l'habilitation de théologie dogmatique, je devais traiter un thème de théologie systématique. Je n'ai eu que quelques jours pour me préparer. De plus, j'étais très pris par mes propres cours à Freising. J'étais donc déjà extrêmement tendu. Je savais en effet qu'une partie des professeurs m'écouteraient avec méfiance et avaient déjà pris une décision néga-tive. Mon échec paraissait programmé. D'après la pro-cédure établie, mon directeur de thèse, en l'occurrence

Söhngen, devait prendre la parole en premier ; sans surprise, il s'est montré très bienveillant. Le ton du deuxième intervenant, Schmaus, a été bien différent. Si bien
qu'un dialogue s'est engagé entre Schmaus et Söhngen,
qui se sont mis à échanger dans la salle des propos vifs.
C'était une situation étrange.

*Vos parents demeuraient alors chez vous. Vous étiez allé
les chercher à Freising. Étaient-ils dans le public ?*

Mon frère était là, mais pas mes parents. Je préférais
leur épargner cela. Ils étaient restés à Freising. J'étais
présent durant cette discussion parce que c'était moi
qui aurais dû y participer. Normalement, les professeurs ne discutent pas entre eux mais avec le candidat.
Ensuite, nous avons attendu la décision du jury dans le
couloir. J'étais avec mon frère, avec Pakosch, le curé de
Saint-Louis et une troisième personne. Ça a duré une
éternité et, franchement, je m'attendais au pire.

Ce qui ne s'est pas produit.

Après une longue attente dans le couloir, on m'a
annoncé que j'avais réussi. C'était la fin du drame mais
j'étais encore moralement touché. Avant j'avais vraiment frôlé l'abîme.

*Avez-vous été courroucé contre Dieu ? ou fait un ser-
ment, au cas où l'histoire connaîtrait un dénouement heureux ?*

Ni l'un ni l'autre. Mais j'ai beaucoup prié et j'ai
beaucoup supplié Dieu de m'aider. Surtout à cause de
mes parents. Si je m'étais retrouvé à la rue, cela aurait
été une catastrophe.

Ce qui ne vous a pas empêché de déclarer par ailleurs, à propos de l'expérience profondément traumatisante de l'habilitation, que cette épreuve avait été « humainement salutaire » pour vous et « obéissait pour ainsi dire à une logique supérieure ». Qu'entendiez-vous par « logique supérieure » ?

J'avais passé mon doctorat très rapidement. Si j'avais obtenu mon habilitation aussi facilement, cela aurait pu m'inspirer une conscience exagérée de mes capacités et un sentiment partial de ma propre valeur. Cela m'a rabaissé. Il est bon de devoir reconnaître sa médiocrité, de ne pas se poser en héros invincible mais d'être un modeste candidat au bord de l'abîme qui doit prendre la vraie mesure de ses capacités. La logique dont je parle était que j'avais besoin d'une humiliation et qu'elle m'a été infligée à juste titre – à juste titre en ce sens.

Cela signifie-t-il que vous aviez tendance à vous sentir pousser des ailes, ou même à souffrir de la folie des grandeurs ?

Après ma réussite, considérée comme brillante, à mon doctorat, le recteur m'a immédiatement fait savoir qu'il espérait m'avoir un jour pour collègue. Je passais alors pour un jeune homme prometteur (il rit). De plus, j'étais toujours au séminaire de Schmaus. Quand il ne pouvait pas être là, il m'en confiait la responsabilité. Tout cela allait bon train, marchait très bien, et je faisais partie de ceux dont on pouvait espérer un bel avenir.

Et cela vous est monté à la tête ?

Pas vraiment, mais tout de même, il est bon de connaître des humiliations.

Des humiliations ?

Je crois qu'il est dangereux pour un jeune homme d'avancer sans problème d'étape en étape et d'être constamment couvert d'éloges. Il faut qu'il découvre ses limites. Qu'il soit de temps en temps soumis à la critique. Qu'il traverse une phase négative. Qu'il se reconnaisse lui-même en faisant l'expérience de ses propres limites. Qu'il ne se contente pas de voler de victoire en victoire, mais essuie quelques défaites. Un homme doit apprendre à s'évaluer correctement, à endurer certaines choses et, chose non moins importante, à réfléchir avec d'autres. À ne pas se contenter de juger hâtivement d'en haut, mais à accepter l'autre positivement dans sa peine, dans ses faiblesses.

Avez-vous conservé l'exemplaire de votre thèse d'habilitation avec les annotations critiques de Schmaus de toutes les couleurs ?

Non, je l'ai jeté. (Il rit.)

À l'époque ?
Oui.

De colère ?
Je l'ai brûlé.

Dans le poêle ?
Oui, effectivement, dans le poêle.

Après votre habilitation, vous êtes nommé maître de conférences, puis professeur sans chaire. Vous écrivez dans vos souvenirs que cela ne s'était pas fait « sans déclencher les foudres de "qui de droit" ». Qu'entendez-vous par là ?

Certains cherchaient manifestement à empêcher ma nomination comme professeur et m'ont dénigré auprès du ministère. Voici ce qui s'est passé : je me suis présenté à l'audition de nomination et le haut fonctionnaire qui m'a reçu m'a traité avec une telle hauteur que j'ai compris que quelqu'un l'avait informé. Il m'a demandé : « Depuis combien de temps enseignez-vous ? » J'ai répondu : « Depuis 1954, soit trois ans, c'est ma quatrième année. » Il a répliqué : « Eh bien, il semblerait que nous n'ayons pas le choix. Il va falloir vous nommer. Encore un comme ça, ça nous manquait ! »

Que voulait-il dire ?

Quelqu'un qui n'est pas productif. Qui s'est débrouillé pour s'introduire dans la place avec la seule idée d'être fonctionnaire.

Que vous reprochaient vos détracteurs ?

D'être incompétent ou autre chose. Je ne sais pas.

Dans vos souvenirs, vous écrivez également que vos rapports avec l'archevêque de Munich, Mgr Joseph Wendel, n'étaient pas été très simples.

C'était encore une autre affaire. Pour commencer, on m'avait noirci à ses yeux à cause de mon article « Les nouveaux païens et l'Église ». On m'avait présenté comme un hérétique et ainsi de suite. Mais dans ce cas précis, il s'agissait d'autre chose. Vers cette époque, c'est-à-dire à la fin de 1958, l'Institut pédagogique* de Munich-Pasing devait passer sous l'autorité de l'Université. Jusqu'alors, ses professeurs n'avaient pas besoin d'être habilités. Avec la folie des grandeurs à laquelle les Munichois sont un peu enclins, ils s'étaient mis en tête de faire venir Pieper comme professeur de philosophie. Mais voilà que les messieurs de l'archevêché ont persuadé le cardinal, afin que la théologie soit assez puissante pour tenir tête à la philosophie, qu'il fallait me confier la nouvelle chaire de théologie. Avec Pieper et moi, ils auraient eu l'équipe qu'il leur fallait. Le cardinal, qui connaissait très mal le monde universitaire allemand, a trouvé que c'était une excellente idée et m'a dit : acceptez le poste de l'Institut pédagogique de Pasing, et pas celui de Bonn.

Cela ne paraît pas inintéressant, surtout avec la présence d'un philosophe aussi remarquable que Josef Pieper.

C'était un Institut pédagogique, ce qui n'était pas dans mon charisme. J'ai répondu que c'était impossible. Mais il a insisté et a refusé de me libérer pour que j'aille à Bonn. La tradition allemande veut pourtant qu'un prêtre soit automatiquement libéré de sa charge quand il obtient une nomination à l'université. Nous avons échangé une correspondance compliquée. Il a fini par se laisser convaincre, un peu à contrecœur.

Vous vous êtes donc opposé à l'ordre de votre évêque ?

Pas vraiment. Simplement, je n'ai pas immédiatement accepté son premier vœu. Comme je l'ai dit, en

---

* Les « Pädagogischen Hochschulen » sont des instituts de formation des maîtres d'abord indépendants qui ont peu à peu été intégrés aux universités (N.d.T.).

Allemagne, la tradition voulait que lorsque quelqu'un est nommé à une chaire, il soit déchargé de ses fonctions. Le cardinal ne m'a pas opposé un refus catégorique, mais il a dit qu'il avait quelque chose de plus important à me proposer. Mais il était mal informé de la situation. De plus, j'étais absolument convaincu de ne pas être fait pour ce poste. J'aurais dû en effet m'adresser à de futurs professeurs qui n'étaient pas des théologiens, et me débrouiller pour les intéresser. Ce n'aurait pas été à ma portée.

Et comment avez-vous réussi à le convaincre ?

Il y a eu un échange de lettres, laborieux et difficile. Je pense que le vicaire général Fuchs, qui avait considéré cette manœuvre avec scepticisme dès le début, est arrivé à l'éclairer sur la situation. Toujours est-il qu'un jour il m'a déclaré que cette affaire ne lui plaisait pas, surtout à cause de cet article de *Hochland*, ce genre de choses, mais qu'il ne voulait pas m'entraver et il m'a libéré.

Vous vous êtes intéressé très tôt au protestantisme, déjà à Freising. On compte parmi vos disciples des hommes qui sont devenus de remarquables œcuménistes. Qu'est-ce qui vous a poussé dans cette direction ?

L'héritage de Söhngen a été déterminant. Söhngen était issu d'un couple mixte, ce qui lui posait un problème existentiel. Aussi ses cours ne portaient-ils pas uniquement sur la tradition catholique mais nouaient toujours un dialogue avec les protestants, en particulier, en ce temps-là, avec Karl Barth. Pour moi, la théologie a inclus d'emblée le dialogue avec les protestants. C'est pourquoi j'ai organisé dès l'époque de Freising un séminaire sur la Confession d'Augsbourg*. Dans cette perspective, il allait de soi que l'œcuménisme fût un élément constant de mes cours et de mes séminaires, ce qui explique que mes élèves s'y soient intéressés.

Sur le Domberg, la lecture de Martin Buber vous a fait découvrir un représentant du hassidisme mystique. Était-ce votre première rencontre avec le judaïsme ?

Je pense que oui.

Qu'est-ce qui vous fascinait chez Buber ? Plus tard, vous avez même eu des disques de lui.

Je vénérais profondément Martin Buber. C'était, pour commencer, le grand représentant du personnalisme, du principe je-tu, qui irrigue toute sa philosophie. Par ailleurs, j'ai évidemment lu ses *Opera Omnia*. C'était assez à la mode à l'époque. Il a réalisé une nouvelle traduction des Saintes Écritures avec Rosenzweig. Sa vision personnaliste et sa philosophie nourries de la Bible prennent un aspect très concret dans ses histoires hassidiques. Cette piété juive, d'une foi spontanée et en même temps solidement ancrée dans le temps présent, sa manière de croire au monde d'aujourd'hui, son personnage aussi, tout en lui me fascine.

Parmi vos lectures, il faut également mentionner Hermann Hesse, par exemple Le Loup des steppes *et* Le Jeu des perles de verre.

J'ai lu *Le Jeu des perles de verre* au moment de sa publication. C'était au début des années 1950, me

---

* La *Confessio Augustana* est le texte doctrinal fondamental de l'Église luthérienne (N.d.A.).

semble-t-il. Quant au *Loup des steppes,* je l'ai lu à Ratisbonne, dans les années 1970 donc.

Le Loup des steppes était la lecture des hippies de San Francisco. Qu'est-ce qui vous a captivé dans ce livre ?

L'analyse impitoyable du délabrement de l'être humain. C'est une image de ce qui arrive aujourd'hui à l'homme. L'exposé des racines de ce phénomène, toute la problématique vous pénètrent vraiment. Dans *Le Jeu des perles de verre* – j'étais encore très jeune et vivais toujours dans un univers protégé –, ce qui m'a touché, c'est l'idée qu'à la fin le protagoniste doive repartir. Qu'il reprenne la route, une fois encore. Il est le grand maître du jeu des perles de verre, mais rien n'est définitif. Il y a un charme propre à chaque commencement, il doit tout reprendre de zéro.

Débutant et théologien-vedette

Votre nomination à Bonn marque un changement dans votre existence. En lisant vos souvenirs, on a l'impression d'une grande bouffée d'air, d'une liberté nouvelle. Pour la première fois, qui plus est, vous vivez seul. Enfin, pas tout à fait. Votre sœur Maria vous a accompagné. Qui a eu cette idée ?

Elle et moi. J'allais évidemment avoir besoin de quelqu'un pour tenir mon intérieur, et ça s'est imposé comme la meilleure solution.

Tout le monde n'a pas forcément envie de vivre avec son frère ou sa sœur.

Nous n'étions que trois enfants. Nous étions donc très proches depuis toujours.

Maria vous a accompagné dans les autres lieux où vous avez été nommé, à Rome aussi, jusqu'à sa mort en 1991. Elle est en quelque sorte la femme qui aura vécu à vos côtés. Dans quelle mesure a-t-elle influencé votre vie et votre œuvre ?

Pas sur le fond, dirais-je, pas dans mon travail théologique, mais par son existence même, par la nature de sa foi et de son humilité. Nous vivions dans l'atmosphère de la foi commune dans laquelle nous avions grandi, qui

125

a grandi avec nous et s'est affirmée avec le temps. Cette foi a simplement accepté le Concile et s'est renouvelée à travers lui, mais elle est restée tenace. Je dirais que ma sœur a en partie créé ce climat dans lequel se déployait la pensée et se déroulait l'existence.

Vous avez d'abord logé à l'Albertinum, un foyer pour théologiens, parmi les étudiants. Vous vous êtes installé ensuite dans un appartement de la Wurzerstrasse, à Bad Godesberg, à côté de Bonn.

Cet endroit présentait un grand avantage : la station de tramway était à deux minutes. Un tram partait tous les quarts d'heure et me déposait juste devant la porte de l'université. Le Rheinuferbahn* permettait d'aller jusqu'à Cologne. De plus, je n'étais qu'à quelques minutes du Rhin, je pouvais aller à pied à l'église du Sacré-Cœur, etc., c'étaient de superbes promenades.

Vous aimez beaucoup vous promener.

C'est vrai. Il y avait dans notre immeuble un médecin, dont je n'ai d'ailleurs jamais eu besoin. En face, une pharmacie dont je n'ai pas eu besoin non plus. À deux minutes, il y avait une agence de la Caisse d'épargne, ce qui était d'autant plus pratique que son responsable connaissait par cœur tous les numéros de comptes de ses clients habituels. Dès que j'entrais, j'entendais : « Voilà l'état de votre compte » ; c'était idéal.

Que faisiez-vous de vos loisirs dans les premiers temps ? Alliez-vous au café ? au restaurant ? Ou n'aviez-vous pas du tout de loisirs ?

---

* Le chemin de fer des rives du Rhin (N.d.T.).

Tout dépend de ce qu'on entend par là. J'ai toujours fait des promenades, à midi et le soir. Le professeur Hödl habitait avec sa sœur dans la maison voisine, et il y avait aussi un professeur de collège. Nous mangions souvent ensemble, nous écoutions des disques, nous jouions à des jeux de société, « Mensch ärgere Dich nicht* », ce genre de choses. Nous étions donc bien occupés.

L'idée que vous ne seriez absolument pas sportif doit être corrigée : vous avez fait beaucoup de vélo non seulement dans votre enfance et votre adolescence, mais aussi quand vous étiez professeur.

En effet. À Münster et encore à Tübingen et à Ratisbonne.

À Munich aussi, du temps où vous étiez évêque ?

Non, je n'ai pas osé. Je n'ai pas eu le courage de déroger à ce point aux conventions.

Et vous marchiez beaucoup.

Beaucoup, oui.

Dans quelles conditions et où vous sentez-vous le mieux pour réfléchir ?

À mon bureau d'abord ou, s'il faut que j'approfondisse vraiment une réflexion, je m'allonge sur le canapé. Cela me permet de réfléchir paisiblement.

---

* Littéralement, « T'en fais pas », jeu plus ou moins équivalent à nos petits chevaux (N.d.T.).

Vous avez toujours eu un canapé à votre disposition ?

J'ai besoin d'un canapé, toujours.

Vous avez donné votre cours inaugural le 24 juin 1959. L'amphithéâtre était comble. Vous aviez le trac ?

Non, j'avais un bon texte.

Vous étiez très sûr de vous ?

Ce serait sans doute aller un peu loin, mais je savais que mon texte était correct et que je n'avais pas besoin d'être nerveux.

En observant la célèbre photo de Freising, du temps où vous étiez maître de conférences, sur laquelle vous êtes nonchalamment accoudé sur votre pupitre, la tête appuyée sur les mains, on a l'impression que dans l'ensemble vous n'étiez pas d'un tempérament très nerveux.

Cette photo n'est pas caractéristique. En général, je faisais beaucoup de gestes en parlant. S'il m'arrivait aussi d'être recueilli, c'était par moments seulement, lors d'un passage particulièrement tranquille.

Le thème de votre cours inaugural était : « Le Dieu de la foi et le Dieu de la philosophie ». Était-ce un sujet imposé ?

Non, c'est moi qui l'ai choisi. Voici comment ça s'est passé : quand j'étais étudiant, j'avais beaucoup lu Pascal. Gottlieb Söhngen avait animé un séminaire sur Pascal, et évidemment, j'avais également lu le livre que Guardini lui a consacré, et dans lequel il insiste surtout sur le *Mémorial*[5]. Ce *Mémorial* traite du « Dieu de la foi », du « Dieu d'Abraham, Isaac et Jacob » par opposition au « Dieu des philosophes ». Il était à l'époque très moderne de considérer la Grèce comme un fourvoiement, une intrusion erronée dans le christianisme. On s'attachait au contraire à rechercher le message biblique originel, ce qu'il y a de vivant dans le Dieu d'Abraham, qui parle à l'homme, qui parle au cœur, et qui est complètement différent du Dieu des philosophes.

Un de vos thèmes majeurs depuis le début.

Oui. J'avais aussi abordé de près cette question à propos de saint Augustin. Au début en effet, saint Augustin n'avait que faire du Dieu d'Abraham, d'Isaac et de Jacob. Il avait lu avec passion Cicéron, les discours philosophiques. On y rencontre certes la passion pour le divin, pour l'éternel, mais pas de culte, pas d'accès à Dieu. Puisque c'était ce qu'il recherchait, il a pensé : « Il faut que je me tourne vers la Bible », mais il a été tellement horrifié par l'Ancien Testament qu'il a dit : « Ça ne peut pas être ça. » Il a éprouvé les contradictions avec une grande force, au détriment du Dieu d'Abraham, d'Isaac et de Jacob parce que ces histoires lui paraissaient tout bonnement invraisemblables et fantaisistes. Il s'est alors tourné vers la philosophie, a adopté d'abord le manichéisme avant de découvrir ce qui resterait sa formule jusqu'à la fin de ses jours : « J'ai appris des platoniciens : "Au commencement était le Verbe." J'ai appris des chrétiens : "Le Verbe s'est fait Chair." Et c'est ainsi seulement que le Verbe est venu à moi. »

Autrement dit, pour saint Augustin, ce n'était pas l'opposition de ces orientations qui était importante mais leur cohésion ?

Cela m'a fasciné, moi aussi. J'en suis arrivé à la conviction que nous avons évidemment besoin du

Dieu qui a parlé, qui parle, du Dieu vivant. Du Dieu qui touche au cœur, qui me connaît et qui m'aime. Mais Dieu doit également être accessible à la raison. L'homme est un tout. Ce qui est entièrement étranger à la raison, qui se déroule intégralement à côté d'elle, ne pourrait pas s'intégrer dans la totalité de mon existence, et resterait en quelque sorte un corps étranger.

Qu'en est-il réellement ? me suis-je demandé. Nous avons d'un côté le Dieu de la foi, d'un autre côté le Dieu des philosophes, l'un exclut-il l'autre – ou vont-ils de pair en réalité ? Les philosophes grecs ne voulaient pas de ce Dieu d'Abraham. À l'inverse, l'Ancien Testament ne connaît pas à l'origine le Dieu des philosophes. J'ai compris alors que ces chemins se rejoignent, Alexandrie constituant le point de jonction. Voilà. J'étais absolument fasciné par ce thème existentiel qui porte sur cette question : Qu'est-ce véritablement que ma foi ? Comment se situe-t-elle dans la totalité de mon existence ?

Dans vos souvenirs, vous dites que votre premier semestre à Bonn a été « comme la fête d'un premier amour ». Qu'entendez-vous par là ?

Au cours de ce semestre, je devais enseigner d'une part la philosophie de la religion – Qu'est-ce que la religion, d'un point de vue philosophique ? –, d'autre part le concept même de théologie : Sur quoi la théologie repose-t-elle ? Que doit-elle faire ? Quels sont pour ainsi dire sa sphère de compétence, son fondement interne ? Voilà les deux cours que j'étais chargé de faire. Ils abordent l'un comme l'autre ce thème central : Comment la théologie peut-elle se justifier à l'université ? S'intègre-t-elle dans notre université moderne ?

Ou s'agit-il d'un corps étranger, vestige aléatoire du Moyen Âge qu'il conviendrait d'éradiquer ?

S'y ajoutait : Que peut-on dire philosophiquement sur la religion ?

J'avais déjà un peu exploré le thème du concept de la théologie à Freising, du coup, cela n'a pas demandé une grande masse de travail. Par ailleurs, j'avais donné des cours sur la philosophie de la religion à Freising, mais j'en ai préparé de nouveaux. Ce cours nous a apporté beaucoup de joie, aux étudiants et à moi. Il était très suivi, très vivant. Vivre d'une part l'aventure de la pensée, de la connaissance, de l'approche et de l'entrée en profondeur dans un sujet, et sentir d'autre part cette adhésion, la réponse des théologiens, c'était vraiment une fête pour moi ; parvenir soi-même à la connaissance, progresser et faire réellement ce qu'on a envie de faire au plus profond de soi, et puis constater que les étudiants éprouvent la même chose, qu'ils vous suivent et qu'on a quelque chose à donner à ces jeunes gens, et que quelque chose croît à travers le dialogue.

Vous avez parlé d'une « atmosphère de renouveau ».

Oui. C'était le commencement de tout. L'université de Bonn avait été détruite pendant la guerre, elle venait d'être reconstruite, la bibliothèque était encore très incomplète. Le renouveau crevait les yeux. Prendre un nouveau départ après la guerre, et dans cette situation nouvelle précisément entreprendre une quête nouvelle de la foi. La République fédérale était encore toute jeune et en ce sens, la vie se trouvait elle aussi à un point de départ. Le sentiment de pouvoir y contribuer, de pouvoir tout recommencer avec l'Église, dans la foi et avec notre État, était vif et beau.

Travailliez-vous beaucoup à la bibliothèque ?

La bibliothèque universitaire était encore en travaux. Mais nous avions une bibliothèque au séminaire que j'ai beaucoup fréquentée. En tant que directeur au séminaire, je pouvais acheter moi-même des livres. Quand la bibliothèque universitaire a rouvert ses portes, en 1961 je crois, j'ai eu plaisir à y aller parce qu'elle était équipée d'un système moderne de prêt électronique. Pouvoir commander des livres et les voir arriver immédiatement, c'était une nouveauté pour moi.

Restiez-vous assis au milieu des livres jusqu'à une heure avancée ?

Non, non, je n'ai jamais travaillé la nuit, absolument jamais.

Vous écrivez dans vos souvenirs que vous aviez une masse d'auditeurs qui accueillaient « avec enthousiasme la nouvelle tonalité qu'ils crurent percevoir » chez vous. Vos cours sont bondés. Vous jouissez bientôt de la réputation d'être une nouvelle étoile montante au firmament des théologiens. Comment avez-vous développé votre style ? Aviez-vous un modèle ?

À Munich, nous avions évidemment baigné dans une philosophie moderne. Certains professeurs nous avaient orientés vers cette nouveauté, ils l'avaient défrichée à notre intention. J'avais absorbé cette nouvelle tonalité et j'ai cherché à la perpétuer, dans la mesure de mes possibilités.

Söhngen était-il votre modèle ?

En un sens, oui. Je n'aurais évidemment jamais pu l'imiter. En effet, il était rhénan et je suis foncièrement bavarois. S'il m'a beaucoup stimulé, s'il a été un exemple de pensée, il ne représentait pas pour moi un modèle immédiat à imiter.

Pour encadrer vos thésards, vous avez créé un système de séminaires plutôt qu'un encadrement personnel.

Je me suis évidemment occupé personnellement des thésards, j'ai discuté avec eux. Mais j'avais le sentiment d'être en compagnie d'un groupe qui suivait un chemin avec moi, qui était soudé, dont les membres avaient des choses à s'apprendre les uns aux autres, de manière que tous, nous apprenions ensemble et par les autres. Mon idée était qu'il est plus profitable à chacun, même pour son propre parcours, de faire le chemin ensemble que seul.

Dans les travaux de vos étudiants, toutes vos annotations sont au crayon noir.

(Il rit.) J'ai toujours fait ça. Quand j'étais petit, j'écrivais déjà au crayon et j'ai continué. Le crayon a l'avantage de pouvoir être effacé. Quand j'écris à l'encre, c'est écrit.

Quand vous étiez pape, écriviez-vous aussi au crayon, par exemple vos livres sur Jésus ?

Toujours, oui !

Jamais à la plume ?

Non.

De cette petite écriture qui...

Qui a encore rapetissé avec le temps. Mais je crois que c'est un procédé qu'on trouve aussi chez d'autres.

Il est frappant que la plupart de vos amis et vos collègues les plus proches à Bonn aient été des gens très controversés, non-conformistes, qui se frottaient eux aussi à l'appareil, à l'Église. Manifestement, vous n'aviez pas peur de les côtoyer.

C'était un autre temps. La scission entre ceux qui ont refusé le magistère pour suivre leur propre voie et ceux qui affirmaient qu'on ne pouvait faire de théologie qu'au sein de l'Église n'était pas encore consommée. À l'époque, tout le monde était encore conscient que la théologie possédait sa propre liberté et sa propre mission, et qu'elle ne pouvait donc pas être entièrement assujettie au magistère. En même temps, nous savions que *sans* l'Église, la théologie se transformait en discours sur elle-même – et n'avait donc en réalité plus aucun sens. À l'époque, je passais pour quelqu'un de jeune, qui ouvrait de nouvelles portes, s'engageait dans des voies inexplorées, ce qui explique que des personnes à l'esprit critique m'aient rejoint.

Comme Hubert Jedin par exemple, ou Paul Hacker. Jedin, spécialiste de l'histoire conciliaire, était à demi juif et avait trouvé asile dans l'État du Vatican à l'époque nazie. Hacker était indologue et un ancien luthérien.

L'itinéraire de Jedin est très intéressant. On le considérait comme un historien d'une importance particulière et d'une grande liberté, qui ne se soumettait pas au magistère. Mais quand il a vu qu'on s'éloignait de l'Église, il en est devenu un farouche défenseur. Quant à

Paul Hacker, c'était un personnage tout à fait particulier, il n'hésitait pas à monter au créneau. C'était un grand esprit, puissant, mais explosif.

Est-il exact qu'à la suite d'objections que vous a faites Hacker vous avez modifié un texte sur le naturalisme qui devait être publié dans les Mélanges en l'honneur de Söhngen ?

Oui, je ne me souviens pas exactement de son contenu, mais il est vrai que c'était un homme impressionnant. On pouvait avoir de vraies discussions avec lui. Pour commencer, il avait un immense don des langues. Il parlait dix-huit langues à la perfection et sa maîtrise du sanscrit était telle que les Indiens venaient l'étudier auprès de lui. C'était un grand maître, un homme d'une culture incroyablement vaste, qui connaissait les Pères, qui connaissait Luther, et qui maîtrisait à fond toute l'histoire des religions en Inde. Tout ce qu'il écrivait apportait du nouveau, et il allait vraiment au fond des choses. On ne pouvait que s'instruire à son contact – et naturellement aussi, parfois, se disputer.

Un jour, vos étudiants se sont plaints que dans vos cours il n'était question que de Hare Krishna et de ce genre de choses.

Non, non, je n'ai jamais parlé de Hare Krishna mais du mythe du dieu Krishna, dont les parallèles avec l'histoire et la figure de Jésus sont surprenants et qui a une grande importance dans le dialogue interreligieux. Je devais faire un cours d'histoire des religions, donc l'hindouisme en constituait un gros chapitre. Ma fréquentation de Hacker et ce qu'il m'a appris de la littérature notamment m'ont été très précieux. En général, on ne traite que l'aspect philosophique de l'hindouisme, alors que j'étais d'avis qu'il fallait également aborder ses côtés cultuels et mythiques. Dans l'ensemble, les étudiants l'ont très bien accepté.

Ce sujet vous a-t-il fasciné ?

Oui, profondément. Et je suis heureux d'avoir fait cela à l'époque, car lorsque le dialogue interreligieux s'est répandu, j'étais déjà un peu préparé.

Il semblerait que votre amitié avec Hacker ait également été riche en tensions. S'est-elle achevée sur une brouille ?

Je ne dirais pas cela. Quand j'étais à Ratisbonne et qu'il s'est fait extrêmement critique à l'égard du Concile, il m'est arrivé de lui écrire des lettres un peu vives. Pour lui dire qu'on ne pouvait pas faire ça. Mais nous nous sommes réconciliés. Nous savions que nous avions la tête dure, lui surtout mais moi aussi un peu, et qu'il pouvait nous arriver de nous heurter, mais que dans le fond, nous voulions la même chose.

Il s'est plaint un jour de dépenser tout son argent en téléphone.

C'est bien possible. Évidemment, je n'étais pas le seul à qui il téléphonait.

Est-il exact qu'à la demande de Hacker vous avez emporté avec vous au Concile son écrit Gedanken zur Reform der Kirche *(« Réflexions sur la réforme de l'Église ») ?*

Non.

Il y parlait d'un pseudo-œcuménisme et mettait en garde contre une protestantisation de l'Église catholique. Il vous reprochait une mariologie trop voilée.

Il m'a fait toutes sortes de reproches, ce qui est une bonne chose, une chose que l'on peut faire entre amis. En tant que converti, il s'est d'abord montré très critique à l'égard de Rome. Cela s'est progressivement infléchi. En revanche, il est devenu de plus en plus critique à l'égard de Rahner et a développé une tendance à la partialité, aux positions extrêmes. Il est toujours resté extrêmement stimulant, mais rien ne vous oblige à vous ranger à tous ses points de vue.

À Bonn, vous avez également été très proche d'un autre de vos collègues, Heinrich Schlier. Il avait renoncé à tout avancement sous Hitler et était devenu membre de l'« Église confessante » évangélique (par opposition aux « Chrétiens allemands » évangéliques fidèles au régime). Il a été interdit de publication en 1942. Après la guerre, on lui a confié la chaire du Nouveau Testament à Bonn. En 1954, il s'est converti au catholicisme, alors qu'il était l'élève préféré du principal théologien évangélique Rudolf Bultmann. Le scandale a été terrible. Ses anciens collègues ne l'acceptaient plus et les catholiques étaient partagés. Schlier a dû renoncer à sa chaire à la faculté de théologie évangélique mais il est resté professeur. Il a notamment écrit Bekenntnis zur katholischen Kirche *(« Profession de foi pour l'Église catholique »), un ouvrage dans lequel il justifie, avec trois autres théologiens évangéliques, la voie qui l'a conduit vers la foi catholique. Il a, paraît-il, exercé une très grande influence sur vous. On lui attribue une double orientation : historico-critique, d'une part, éminemment spirituelle d'autre part.*

Je n'irais pas jusqu'à parler d'une très grande influence, mais il m'a influencé, c'est indéniable. J'éprouvais aussi une grande estime pour lui sur le plan humain. Au départ, comme vous l'avez évoqué, il était évangélique. C'était un disciple de Bultmann. Il l'a profondément vénéré jusqu'au bout et a beaucoup appris de lui, mais il l'a considérablement dépassé – et est devenu, comme il le dit lui-même, catholique d'une manière typiquement protestante : c'est-à-dire exclusivement à travers les Écritures. Ses exégèses bien connues – son célèbre commentaire sur les Galates, sur les Éphésiens, sur les Romains – sont grandioses. En même temps, c'était effectivement un homme d'une grande spiritualité. Vous avez raison. La synthèse du spirituel et de la critique historique est vraiment singulière chez lui.

Qui est Sophronius Clasen, dont vous êtes également devenu l'ami au cours de votre séjour à Bonn ?

C'était un franciscain. À l'époque, il y avait autour de Bonn quatre grands établissements d'enseignement supérieur appartenant à des ordres, et ils avaient d'excellents professeurs. À Mönchengladbach, c'étaient les franciscains ; à Walberberg, les dominicains ; à Saint-Augustin, les missionnaires de Steyler ; à Hennef-Geistingen, les rédemptoristes. Le spécialiste de patristique des rédemptoristes, Joseph Barbel, était un homme remarquable. Les missionnaires de Steyler étaient connus pour la qualité de leurs recherches en histoire de la religion, ils avaient leur propre périodique. Les dominicains réalisaient l'édition allemande de saint Thomas d'Aquin et étaient tout aussi célèbres. Quant aux franciscains, ils publiaient la revue *Wissenschaft und Weisheit* (« Science et sagesse »). C'est là qu'enseignait Sophronius Clasen, professeur d'études médiévales et de théologie dogmatique, un grand connaisseur de la théologie du XIIIe siècle et un spécialiste de saint

Bonaventure. Il avait lu mon travail sur lui et est venu me voir. C'est ainsi que notre amitié est née.

Peut-on considérer ces années comme l'acmé de la théologie allemande ?

À maints égards, oui. Il suffit de penser à cette couronne de quatre établissements supérieurs. Ils étaient loin d'être médiocres. Il y avait là des gens remarquablement qualifiés, dont on apprenait beaucoup. La faculté avait elle aussi de solides atouts, il y avait Jedin, Klauser, Schöllgen et bien d'autres. Il s'agissait donc d'une vraie floraison, oui. Nous étions conscients de vivre à un moment où nous avions quelque chose à dire.

Si l'on considère l'entité Cologne-Bonn, vous vous trouviez au cœur du pouvoir religieux catholique et, avec Konrad Adenauer comme premier chancelier et son adversaire du SPD, Kurt Schumacher, au cœur du pouvoir politique de la jeune république fédérale d'Allemagne.

On peut dire cela, oui. Régulièrement, quand il arrivait de Rhöndorf et traversait le Rhin par le bac, Adenauer passait devant chez nous. Certains de nos collègues connaissaient très bien Heuss, le président de la République. Je n'ai pas cherché à faire de la politique, mais on ne pouvait qu'être conscient que l'Allemagne était en train de se transformer, de chercher une forme nouvelle. Que devait devenir l'Allemagne ? C'était vraiment la question qui se posait. L'alternative était la suivante : priorité à la liberté ou priorité à l'unité. Le groupe de Schumacher voulait donner la priorité à l'unité. L'Allemagne ne devait pas, à ses yeux, s'attacher à l'Ouest, mais rester ouverte et sans alliance pour parvenir à la réunification. Adenauer était pour le principe de la priorité de la liberté. Il n'y aurait d'unité que si nous obtenions d'abord la liberté. Autrement dit, nous devions nous lier à l'Ouest, c'était le seul moyen de prendre un nouveau départ. Ce qui lui a valu d'être traité de chancelier des Alliés.

C'était une pensée tout à fait nouvelle par rapport à l'Allemagne de Bismarck, alors qu'en réalité la vision de Schumacher se situait dans le prolongement de Bismarck. Il me semble que c'est ce dont on n'a pas suffisamment pris conscience en Allemagne, aujourd'hui encore. Adenauer a créé une nouvelle image de l'Allemagne en la plaçant sans ambiguïté du côté de l'Ouest. J'y étais très favorable. Nous avions le sentiment qu'après l'échec de l'idée bismarckienne il fallait reconstruire intégralement l'Allemagne en tant qu'État allemand, que nous devions prendre un nouveau départ, sur ce plan-là également. Et le christianisme devait, en l'occurrence, avoir un rôle porteur.

Avez-vous connu Adenauer ?

Non, pas personnellement.

Avez-vous toujours été un homme très politique ?

Je n'ai jamais cherché à avoir d'activité politique, mais personnellement, j'ai toujours éprouvé un vif intérêt pour la politique et pour la philosophie qui la sous-tend. La politique se nourrit en effet de philosophie. Elle ne peut pas se contenter d'être pragmatique, de dire « nous agissons ». Il lui faut une vision d'ensemble. Cela m'a toujours beaucoup préoccupé. S'y ajoutait que le nonce*

---

* L'ambassadeur du Vatican auprès de la république fédérale d'Allemagne (N.d.A.).

de l'époque, Corrado Bafile, habitait près de chez moi. Ce brave nonce est venu me voir, moi, un jeune professeur, et m'a proposé de disposer librement de son parc. Il m'a présenté un exposé qu'il avait rédigé. C'était vraiment émouvant qu'un homme qui était tout de même archevêque et qui occupait un rang élevé s'adresse à moi très humblement, en toute franchise et en toute cordialité, pour me demander mon avis. Par ailleurs, cela donnait le sentiment d'un lien avec Rome, bien qu'il soit resté très lâche.

Les années que vous avez passées à Bonn coïncident avec l'affaire du Spiegel, *les premiers scandales entourant Franz Josef Strauß, puis la lutte de la gauche contre le gouvernement Adenauer, la crise de Cuba... Vous aviez tout juste trente-deux ans.*

Ces événements, comme je l'ai déjà dit, m'ont profondément préoccupé, tout ce qui concernait l'Allemagne en particulier. J'ai toujours été et je suis resté un adenauerien convaincu. C'est en grande partie à lui que nous devons de connaître une paix durable. En effet, accorder la priorité à l'unité nous aurait vraisemblablement conduits à la guerre un jour ou l'autre.

Le Concile : entre rêve et traumatisme

La rencontre avec le cardinal Josef Frings fait partie de celles qui ont été décisives dans votre vie. S'est-elle produite lors d'un concert dans la salle du Gürzenich à Cologne, comme on le dit souvent, ou à l'occasion de la conférence sur la « Théologie conciliaire » à Bensberg ?

Je n'ai pas assisté au concert avec lui, mais j'ai donné à l'Académie catholique de Bensberg une conférence sur la « Théologie conciliaire » à laquelle il a assisté. Nous nous sommes promenés ensemble dans les vastes couloirs, nous avons discuté. Et il a eu le courage de m'inviter à rédiger pour lui le texte de la conférence de Gênes.

Frings était membre de la Commission pour la préparation du Concile. On lui transmettait tous les projets de textes, ce qu'on appelle les « schémas ». Il n'a pas tardé à vous les communiquer pour que vous lui fassiez des critiques et des propositions d'amélioration. Quelle impression vous a-t-il faite, la première fois ?

Nous nous étions déjà rencontrés à Cologne. En tant que professeur, on se présente à son évêque de tutelle. C'était un vrai Rhénan, de Neuss, avec ces manières enjouées, légèrement ironiques des Rhénans, tout à la fois généreux et cordial. Et dès ma visite de prise de fonction, nous avons pu constater que nous nous entendions bien.

Plus tard, lors du Concile, le cardinal Frings apprenait par cœur tous les soirs le projet de texte que vous aviez enregistré pour lui afin de pouvoir le présenter sans notes le lendemain devant l'assemblée. Il devait avoir une faculté de mémorisation incroyable. Était-il déjà aveugle quand vous avez fait connaissance ?

Presque. En 1959, il arrivait encore à lire, mais difficilement. Il fallait lui éclairer le texte avec une lampe de poche.

Nous sommes le 19 novembre 1961, le jour historique de la conférence de Gênes. Ce discours allait donner sa nouvelle orientation au Concile, dont le déroulement avait été défini assez rigoureusement par les prescriptions de la Curie. Frings avait été invité à parler sur le sujet « Le Concile et la pensée moderne ». Il a prononcé le discours, mais c'était votre texte. Frings vous avait-il donné des indications précises ?

Non, il m'avait laissé toute liberté.

Et vous n'avez demandé conseil à personne d'autre ? à aucun expert conciliaire, Jedin par exemple ?

Non, à personne. C'était impossible, ne fût-ce que par souci de discrétion. Mais Frings n'était plus en mesure de lire lui-même le discours. À Gênes, il a dit les premières phrases et quelqu'un d'autre a poursuivi la lecture.

Quand on rédige un texte de cette importance, n'est-on pas très curieux, très impatient d'observer les réactions ? de voir comment il va être accueilli ?

Si, bien sûr. Oui.

Ou de voir si on va se faire siffler ?

(Il rit.) Je ne sais plus quand j'ai revu le cardinal. C'était probablement peu après. Mais je ne sais plus du tout ce qu'il m'a dit.

Il vous aura certainement remercié. D'ailleurs, il n'a pas caché qu'il n'était pas l'auteur de ce texte.

Il s'est même empressé de le faire savoir à toute l'humanité (il rit).

L'évêque Hubert Luthe, qui était alors le secrétaire de Frings et qui avait été votre camarade du temps de vos études à Munich, m'a raconté comment s'était passée la célèbre rencontre entre le cardinal et Jean XXIII. Après le discours de Gênes, Frings a dû se rendre plusieurs fois à Rome pour la Commission préparatoire. Un jour, il a reçu un appel. Le pape Jean désirait parler au cardinal Frings. « Je suis allé chercher le cardinal vers midi, raconte Luthe. Il m'a demandé sa soutane et m'a dit : "Monsieur le vicaire, mettez-moi le mantelet rouge, c'est peut-être la dernière fois." » En fait, son entrevue avec le pape s'est déroulée tout autrement qu'il ne le craignait. « Éminence, a dit Jean XXIII, je tiens à vous remercier. J'ai lu votre discours cette nuit. Quelle heureuse harmonie de pensée. » Il a affirmé que Frings avait exprimé le fond de sa propre pensée. Frings a répondu : « Saint Père, ce n'est pas moi qui ai écrit ce texte, c'est un jeune professeur. » Et le pape a répliqué : « Monsieur le cardinal, ce n'est pas moi non plus qui ai écrit ma dernière encyclique. Ce qui compte, c'est avec qui on s'identifie. »
Comment avez-vous été informé de cette scène ?

Le cardinal Frings m'a raconté lui-même l'épisode du pape Jean. Qu'il avait été convoqué chez le pape Jean et était plutôt inquiet. Pour le reste, il n'y a pas beaucoup de réactions qui me soient revenues aux oreilles.

Avez-vous rencontré Jean XXIII ?

Non. Quand je suis arrivé au Concile en octobre 1962, il était déjà très malade.

Les préparatifs du Concile étaient terminés. Vous aviez revu les schémas et donné votre avis. Vous souvenez-vous du jour de votre départ pour Rome ?

Nous avons commencé par nous rendre sur les tombes des évêques à la cathédrale de Cologne, le cardinal Frings, Luthe et moi. Le cardinal a longuement contemplé l'endroit où il allait être inhumé un jour. Puis nous avons gagné l'aéroport.

À Rome, étiez-vous logés tous les trois à l'Anima, le séminaire historique des prêtres allemands ?

Le cardinal et Luthe logeaient à l'Anima*, comme tous les évêques autrichiens au demeurant. Il n'y avait plus de place pour moi. Le recteur m'a donc trouvé une chambre à l'hôtel Zanardelli, juste au bout de la rue. Mais dès le petit déjeuner et la célébration, j'étais à l'Anima, sauf pour la sieste, un moment important à Rome, comme je l'ai appris à l'époque. Jusque-là, j'ignorais ce qu'était la sieste. C'est alors qu'elle a fait son apparition dans ma vie. Au cours de la deuxième période, j'ai logé au palazzo Doria Pamphili, juste à côté de Sainte-Agnès, sur la piazza Navona. Je n'ai été hébergé à l'Anima que pendant les troisième et quatrième périodes.

---

* Le Collegio Teutonico di Santa Maria dell' Anima (N.d.A.).

Avez-vous apprécié la vie romaine ? la piazza Navona par exemple ?

Tout était nouveau pour moi. Le matin, les enfants qui allaient à l'école en uniforme n'avaient pas de cartable, ils portaient leurs livres à la main, tenus par une lanière. Cela m'amusait beaucoup. Tout était si vivant autour de moi, il y avait des marchands, les échoppes de barbiers étaient pleines, les clients étaient encore couverts de savon à raser. Tous les jours, je faisais ma promenade et j'explorais les environs, quelquefois en compagnie du cardinal. Il était aveugle et il fallait le guider. Il se trouve qu'un jour j'ai perdu mes repères et je ne savais plus où aller. J'étais très embarrassé. « Pouvez-vous me décrire la place sur laquelle nous nous trouvons ? » m'a-t-il demandé. Je lui ai décrit une statue qui se dressait là, celle d'un homme politique italien. « Ah ! c'est Minghetti, dans ce cas il faut passer par ici et par là. »

La vie romaine, cette gaieté, le fait que beaucoup de choses se passent dans la rue et que tout soit si bruyant, j'ai trouvé ça très amusant et très intéressant. Ce qu'il y avait de bien à l'Anima, c'est qu'on y faisait la connaissance de toutes sortes de gens, les évêques autrichiens, les jeunes vicaires de l'Anima. Le cardinal Frings hélait des cardinaux de partout. L'évêque Volk, un homme d'une grande exigence intellectuelle, un remarquable organisateur, rassemblait des petits groupes internationaux d'évêques dans son appartement de la villa Mater Dei, et j'en faisais toujours partie. C'est là du reste que j'ai fait la connaissance de Lubac...

Était-ce la première fois que vous rencontriez personnellement le jésuite et théologien français qui avait été interdit d'enseignement par son ordre ?

J'étais bouleversé de le voir en chair et en os. Il était très simple, très humble et très bienveillant. Ça s'est passé d'emblée comme si nous étions de vieux amis. Malgré notre immense différence d'âge et bien que nous ayons fait des choses très différentes et que nous ayons conduit différemment notre vie. Il se montrait toujours très cordial et vraiment fraternel. Daniélou aussi était un homme joyeux. Lubac souffrait certainement. Il avait été blessé à la tête pendant la Première Guerre mondiale et avait de terribles migraines. Mais il n'en a jamais voulu aux Allemands.

Henri de Lubac avait participé à la résistance en France pendant la Seconde Guerre mondiale. Vous communiquiez en français ?

Français, oui*.

Vous arrivait-il à Rome durant le Concile de passer un peu de temps en tête à tête avec quelqu'un ? Pouvait-on proposer à quelqu'un d'aller prendre un verre de vin, une bière ?

À deux non, mais en petit groupe, oui. Surtout au sein de la Commission des théologiens. Nous avons souvent picolé au Trastevere.

Picolé ?

(Le pape rit aux éclats.)

---

* En français dans le texte (N.d.T.).

Avez-vous confié à Henri de Lubac l'importance qu'il avait pour vous ? Ce qu'il vous avait fait découvrir, par exemple à travers son Catholicisme *et d'autres ouvrages qui, en partant de la tradition, ont insisté de façon tout à fait nouvelle sur la signification universelle du salut de l'Église catholique et ont contribué à fonder la « Nouvelle Théologie » ?*

Il ne voulait surtout pas qu'on lui fasse sentir sa grandeur, sous aucune forme. Il était très simple et incroyablement travailleur. Je me rappelle qu'un jour, à la Commission des théologiens, il a été très malade, il était alité, mais il s'est fait apporter de la bibliothèque municipale un livre du XVIe siècle ; il écrivait sur cet auteur, il était au lit avec le livre et travaillait.

Une certaine similitude avec...

Non, je suis loin d'être aussi studieux, je dois en convenir. Congar était lui aussi incroyablement consciencieux. À la Commission des théologiens, quand il y avait une pause, il ne soufflait jamais, il restait à sa place à travailler.

Quel théologien appréciez-vous le plus ?

Je dirais Lubac et Balthazar.

Nous aurons l'occasion de parler de Hans Urs von Balthazar. À Rome, qu'est-ce qui vous a fasciné dans le cadre du Concile ?

Pour commencer, tout simplement l'universalité de l'Église catholique, la polyphonie, la rencontre avec des gens venus des quatre coins du monde, le fait qu'ils soient tous unis dans le même épiscopat, qu'ils puissent parler ensemble et chercher une voie commune. La rencontre avec de grandes personnalités, rencontrer Lubac, par exemple, lui parler, même, Daniélou, Congar, tous les grands, c'était extrêmement stimulant pour moi. Et aussi discuter dans le cercle des évêques. La diversité des voix donc, côtoyer des gens remarquables, qui étaient en plus des décideurs, ces moments sont vraiment inoubliables.

Assistiez-vous aussi aux réunions à la basilique Saint-Pierre ?

Oui, dès l'instant où je suis devenu officiellement consulteur théologique. Avant, non, bien sûr.

Vous vous étiez déjà rendu à Rome avec votre frère, en 1962, à Pâques, pour la première fois de votre vie. Vous logiez chez des religieuses, près de Saint-Pierre. Pourquoi n'avez-vous pas entrepris ce voyage plus tôt ?

Je dois avouer qu'au cours de nos études on nous avait communiqué un léger ressentiment antiromain. Nous ne contestions pas la primauté pontificale, bien sûr, l'obéissance au pape, mais nous éprouvions une certaine réserve à l'égard de la théologie telle qu'on la pratiquait à Rome. Il y avait donc une certaine distance. Je ne suis cependant jamais allé aussi loin qu'un camarade d'études, qui disait : « Tant qu'à faire, je préfère aller à Jérusalem qu'à Rome. »

Toujours est-il qu'on n'éprouvait pas la vraie nécessité d'aller à Rome. De plus, nos moyens financiers étaient si limités que cela n'entrait même pas en question. J'ajouterai que les conditions du voyage, un très long trajet en train, n'étaient pas aussi bonnes qu'aujourd'hui.

Comment s'était passée cette première fois ? Étiez-vous enthousiaste, comblé ?

Je suis resté assez objectif. Bien sûr, j'ai été enthousiasmé par tous les grands sites du christianisme ancien, les catacombes, Sainte-Prisca, l'église de Saint-Paul-hors-les-Murs, la basilique de Saint-Clément-du-Latran. Et aussi, bien sûr, par la nécropole située sous Saint-Pierre. Mais je ne dirais pas que j'étais sur un nuage. J'ai plutôt été touché par la tangibilité des origines, cette grandeur de la continuité.

Quand vous vous êtes trouvés pour la première fois sur la place Saint-Pierre, n'êtes-vous pas tombés dans les bras l'un de l'autre en disant : « Ça y est, nous y sommes, mon cher Georg, voici notre patrie, le centre de la Chrétienté » ?

Vous savez, les Ratzinger ne sont pas aussi exubérants. C'était impressionnant, bien sûr. Surtout, comme je l'ai dit, cette découverte d'une continuité remontant à l'origine, à saint Pierre et aux apôtres en réalité. Dans la prison Mamertine, par exemple, on peut appréhender les temps anciens. Mais cette fascination s'exprimait davantage intellectuellement, intérieurement que par des cris de joie.

Ce voyage était-il déjà une préparation au Concile ?

Il était déjà marqué par l'enthousiasme qu'avait suscité Jean XXIII. Celui-ci m'a aussi fasciné d'emblée par son non-conformisme total. Son côté direct, simple, humain m'a séduit.

Vous étiez un partisan de Jean XXIII ?

Oui, sans aucun doute.

Un vrai fan ?

Un vrai fan, si vous voulez.

Vous rappelez-vous dans quelles circonstances et à quel endroit vous avez appris l'annonce du Concile ?

Plus vraiment, non. J'ai dû l'entendre à la radio. Et puis nous en avons évidemment discuté entre professeurs. C'était un moment émouvant. L'annonce du Concile a suscité des interrogations – que va-t-il se passer, comment va-t-on réussir à faire ça correctement –, mais aussi de grands espoirs.

Y avez-vous assisté du premier au dernier jour, durant les quatre séances ?

Intégralement, oui. En tant que professeur, on obtenait une mise en disponibilité officielle du ministère en Allemagne.

Je suppose que, durant le Concile, vous n'êtes pas allé faire du tourisme.

Nous avions très peu de temps, nous étions très pris. Mais je faisais évidemment ma promenade quotidienne, sans quitter les environs de l'Anima. Il y avait beaucoup de choses à voir dans le quartier. L'église Saint-Louis-des-Français, le Panthéon, Saint-Eustache, l'église Sainte-Sophie, et j'en passe, le palais Madama. Mais pour le reste, non, je n'ai pas pu voir grand-chose.

Le Concile a-t-il représenté une masse de travail incroyable ?

Il ne faut pas exagérer non plus. Ce n'était pas tuant. Mais il y avait de quoi faire, c'est sûr, surtout en raison des nombreuses rencontres.

Vous arriviez encore à dormir ?

Oui, oui. Pour moi (il rit), c'est une nécessité à laquelle il n'est pas question de toucher.

Comment communiquiez-vous ? Vous ne parliez pas très bien italien.

Pas très bien, en effet. Mais bon, je me débrouillais. Pour commencer, j'étais assez bon en latin. Je dois tout de même préciser que je n'ai jamais étudié la théologie en latin, jamais parlé latin comme les « Germaniker* », nous faisions tout en allemand. Parler latin était donc entièrement nouveau pour moi. Ce qui limitait évidemment mes possibilités de participation. J'avais quelques notions de français, évidemment.

Vous ne vous étiez pas encore offert de cours d'italien ?

Non (il rit). Je n'avais pas le temps. J'étais trop occupé.

Vous aviez emporté un dictionnaire ?

Oui.

C'était donc du « learning by doing » ?

Exactement.

De quelle expérience gardez-vous un souvenir particulièrement plaisant ?

Avec le cardinal, nous sommes allés passer la Toussaint à Capri. Nous avons d'abord visité Naples, toutes les

---

* Les étudiants en théologie de langue allemande, qui étudiaient à Rome au sein du Collegium Germanicum fondé en 1552 par le pape Jules III (N.d.A.).

églises, etc. À l'époque, c'était toute une aventure d'aller à Capri. Le bateau tanguait de façon inquiétante. Tout le monde a été malade, même le cardinal. Je suis tout de même arrivé à me maîtriser. Mais Capri, c'était vraiment magnifique. À vous couper le souffle.

À quel camp apparteniez-vous alors, au camp progressiste ?

Je dirais que oui. À l'époque cependant, être progressiste ne s'inscrivait pas dans une rupture avec la foi, on cherchait à mieux la comprendre, à mieux la vivre, en se rattachant aux origines. Je pensais encore que c'était ce que nous voulions tous. De célèbres progressistes comme Lubac, Daniélou, et d'autres partageaient ces idées. La deuxième année du Concile, l'infléchissement était déjà perceptible, mais il ne s'est vraiment affirmé qu'au fil des ans.

Les recherches récentes montrent que votre contribution au côté du cardinal Frings a été bien plus importante que vous ne l'avez vous-même reconnu. Nous avons déjà évoqué le discours de Gênes. Nous pouvons également mentionner, avant l'ouverture du Concile, une première conférence pour les évêques germanophones de l'Anima, une sorte de briefing. Sans oublier l'instruction donnée à Frings de torpiller le choix de la composition des dix commissions conciliaires prévu pour le 13 octobre, qui aurait favorisé les candidats de la Curie romaine.

En réalité, c'était une initiative tout à fait personnelle de sa part. Je ne me suis pas mêlé de ces tractations, de ces histoires techniques ou politiques. Il était sincèrement convaincu que le Concile devait commencer par faire connaissance pour choisir ensuite les membres des commissions qui le composeraient.

Comment en est-on arrivé là ? Frings ne passait pas pour un révolutionnaire.

Non, pas du tout. Il était considéré comme un homme très conservateur et austère. Tout le monde a été surpris, ébahi même, de le voir prendre un rôle de direction. Nous en avons parlé et voici comment il voyait les choses : quand je gouverne mon diocèse et que je suis responsable de l'Église locale devant le pape et devant le Seigneur, c'est une chose, disait-il. C'en est une autre quand nous sommes appelés au Concile pour participer au gouvernement avec le pape, et que nous assumons ainsi une responsabilité personnelle qui ne consiste plus simplement à obéir au magistère pontifical, mais à nous demander ce qu'il convient d'enseigner aujourd'hui et comment. Il en était parfaitement conscient. Il établissait une distinction entre la situation normale d'un évêque catholique et la situation particulière d'un père conciliaire, qui doit être intégralement associé à la prise de décision collective.

Avait-il déjà des idées précises avant son arrivée à Rome ?

Je ne crois pas, non. Il m'avait envoyé tous les schémas sur lesquels je n'avais pas du tout porté un jugement aussi négatif qu'on l'a fait ultérieurement. Je lui ai fait parvenir de nombreuses corrections, mais la trame – à l'exception du décret sur la Révélation – est restée intacte. On pouvait l'améliorer. Nous étions d'accord pour penser que nous avions là l'orientation fondamentale mais qu'il y avait encore de nombreux détails à réviser. Il fallait avant tout que le magistère actuel occupe une place moins dominante et que l'on accorde un plus grand rôle aux Écritures et aux Pères.

On vous attribue le rôle principal à la « réunion du putsch » qui s'est tenue à l'Anima, le séminaire des prêtres allemands, le 15 octobre 1962. Pour remplacer le modèle romain, on y a présenté un nouveau texte immédiatement tiré à trois mille exemplaires qui a été distribué aux pères conciliaires.

L'expression « réunion du putsch » est exagérée. Nous estimions pourtant qu'il fallait parler différemment du thème de la « Révélation ». Le modèle restait fidèle au style néoscolastique et ne tenait pas suffisamment compte de nos connaissances. Le thème de la « Révélation » s'imposait évidemment à moi à cause de mon travail d'habilitation. J'y ai donc participé, mais uniquement à l'invitation et sous les yeux de Son Éminence. On m'a reproché plus tard d'avoir dupé le cardinal ou je ne sais quoi. Je tiens à récuser formellement cette accusation. Nous étions convaincus l'un comme l'autre qu'en l'occurrence nous devions servir la cause de la foi et de l'Église. Il fallait également définir clairement la juste relation entre Écritures, tradition et magistère, de façon que, grâce à une nouvelle conception et à une nouvelle approche, cette relation puisse être vraiment comprise et justifiée. Et nous nous y sommes effectivement employés.

Combien de personnes participaient à cette réunion ?

Je me souviens d'une conversation où seuls les cardinaux étaient présents, d'une autre avec des professeurs, mais je ne saurais pas vous répondre avec précision.

La situation devait être terriblement tendue.

Non, en réalité, nous n'avions pas vraiment conscience de faire quelque chose de renversant. Nous n'avons d'ailleurs pris aucune décision, simplement élaboré des idées. Je ne sais pas comment elles se sont répandues ensuite à l'ensemble du Concile. Les polémiques sont évidemment allées bon train. On a prétendu que c'était un texte typiquement franc-maçonnique, ce genre de choses.

C'est un reproche qu'on vous a fait ?

(Il rit.) Oui, oui. Alors que franchement, on aurait eu du mal à me soupçonner d'être franc-maçon.

C'étaient vos arguments et votre texte que le cardinal Frings a présentés ensuite, le 14 novembre 1962, dans la basilique Saint-Pierre transformée en salle du Concile et qui ont tout fait basculer. Il n'a plus été question du docu-ment initial et un débat ouvert a pu s'engager.

La question du vote était très compliquée. Ceux qui étaient favorables à la nouveauté devaient voter « non ». Et ceux qui étaient pour l'ancien modèle devaient voter « oui ». En tout état de cause, le scrutin a été très serré. En soi, ceux qui l'avaient emporté étaient ceux qui souhaitaient que l'on conserve le schéma existant. Du strict point de vue du droit, il s'est donc dégagé une faible majorité pour le maintien de la version du texte telle qu'elle avait été présentée. Mais le pape Jean a bien compris que cette majorité n'était pas assez solide pour pouvoir s'imposer. Il a donc décidé de recommencer.

Il paraît que le cardinal Frings a été chaleureusement applaudi dans la salle du Concile.

Je n'y étais pas. Mais je ne le crois pas.

Il n'y avait pas de cabine téléphonique devant la basilique Saint-Pierre et encore moins de téléphones portables. Comment a-t-on été informé de ce qui s'était passé ?

Après la séance, le cardinal est rentré à la maison. Je ne sais plus s'il nous a tout raconté lui-même. Nous étions impatients de voir ce que le pape ferait. Et ravis qu'il ait déclaré que, même si, d'un point de vue strictement juridique, les choses pouvaient rester telles quelles, nous allions recommencer.

Sept jours plus tard, le 21 novembre, dans la salle du Concile, l'annulation du schéma sur les « sources de la Révélation » que vous aviez violemment critiqué a été décidée. Ce texte était, avez-vous écrit à l'époque, « déterminé par un mode de pensée antimoderniste ». Son ton était « glacial, franchement choquant même ». Vous-même avez considéré cette annulation comme le vrai tournant du Concile.

(Le pape rit.) Je suis surpris aujourd'hui par l'aplomb que j'avais. Il est exact qu'il s'est agi d'un vrai tournant, dans la mesure où un des textes présentés a été refusé et la discussion a pris un nouveau départ.

Comment s'est passée votre rencontre avec Karl Rahner ? Au début, vous avez élaboré certains textes ensemble. Il était nettement plus âgé que vous, de treize ans.

De vingt-trois ans, plutôt, me semble-t-il. Il est né en 1904 et moi en 1927.

Vous avez raison, bien sûr. Les choses étaient-elles compliquées avec lui ?

Je ne dirais pas ça. C'était un homme très à l'écoute des jeunes gens, des jeunes théologiens. Ce qui, pour quelqu'un comme moi, ne pouvait que faciliter notre collaboration. Nous entretenions d'excellentes relations à l'époque. Quand nous avons travaillé sur ce texte, il ne m'a pas échappé tout de même que nous appartenions à deux univers de pensée différents. Il était entièrement imprégné de scolastique. Cela représentait un grand avantage pour lui, parce que le cadre habituel des discussions lui était bien plus accessible. Alors que moi, j'étais plutôt issu de la Bible et des Pères.

Vous vous étiez déjà rencontrés auparavant. À quoi ressemblait, concrètement, cette collaboration ? Étiez-vous assis tous les deux au même bureau dans la même pièce ?

En 1962, en tout cas, il nous est souvent arrivé de travailler ensemble sur un texte, dans la même chambre. Cette étroite collaboration a disparu par la suite.

Vous arrivez à travailler en équipe sur un texte ?

Quand on partage une idée et un dessein de fond, c'est possible.

Vous aviez déjà fait la connaissance de Hans Küng lors d'un congrès de théologie dogmatique à Innsbruck en 1957. L'avez-vous rencontré au Concile ?

Oui, surtout au début, plus tellement par la suite. Il nous est arrivé d'aller prendre un café ensemble place Saint-Pierre, dans la via della Conciliazione. En réalité, il ne participait pas aux travaux des commissions, il prenait uniquement la parole à titre privé dans les groupes d'évêques. Je l'ai donc rencontré fréquemment, mais pas dans un contexte de travail.

Küng s'est aperçu très tôt qu'il était possible d'obtenir beaucoup sans participer soi-même, en se présentant aux médias comme un interprète, pour ainsi dire, et donc en étant plus exposé que d'autres qui travaillaient dur sur les textes.

C'est vrai.

Le Concile a été annoncé le 25 janvier 1959, et dès 1960 Küng a publié un livre intitulé Konzil und Wiedervereinigung *(« Concile et réunification »). Il n'a rien présenté lui-même au Concile ?*

Il a certainement pu peser sur l'opinion par le biais des évêques, mais il n'a pas participé aux travaux sur le texte.

Avez-vous rencontré le cardinal Montini, le futur pape Paul VI, pendant le Concile ?

Je ne crois pas, non. Je n'ai fait sa connaissance qu'à l'époque où j'étais archevêque de Munich.

Lorsqu'il était pape et que vous étiez professeur à Ratisbonne, il vous est arrivé un jour de le critiquer vertement parce que, non content de renoncer à l'ancien missel, il était allé jusqu'à l'interdire.

« Vertement » est peut-être légèrement outré.

Apparemment, il ne vous en a pas voulu.

En effet.

160

Ou plutôt si. En guise de punition, il vous a nommé évêque.

Non, ha, ha. Non, il était certainement convaincu que dans le fond, j'étais tout à fait d'accord avec lui, ce qui était le cas.

Les années 1960 ont été une période particulièrement agitée. Il y a eu la guerre du Vietnam, le mouvement hippie, la Beatlemania, la révolution sexuelle... Les pères conciliaires avaient-ils conscience de tout cela ?

Il me semble que si ces évolutions couvaient déjà dans la première moitié des années 1960, elles ne sont apparues dans toute leur force qu'au cours de la seconde moitié de la décennie. En tout état de cause, elles ne dominaient pas encore la scène mondiale au moment du Concile. La vraie rupture s'est produite en 1968.

Toujours est-il que Le Vicaire *de Rolf Hochhuth, une pièce de théâtre sur le pape Pie XII et sur son attitude à l'égard des nazis, a été publié dès 1963. Le débat que cette publication a suscité aurait dû faire comprendre à l'Église catholique que ce thème était explosif. Or au lieu d'aborder de front l'Holocauste, le fascisme et la complicité de l'Église, on a discuté de la culpabilité collective des Juifs dans la crucifixion du Christ. Cette dérobade contribue, aujourd'hui encore, à donner une image négative de l'Église. Comment expliquez-vous que personne au Concile n'ait pris conscience de l'importance de ce débat ?*

Ce qu'on savait à l'époque, c'est que Pie XII avait protégé les Juifs. On a considéré cette pièce comme une simple déformation malveillante qui ne méritait pas grande considération. Golda Meir, Ben Gourion et bien d'autres avaient vivement remercié Pie XII pour son engagement. Dans la conscience juive, il représentait une des grandes forces, une force lumineuse, positive. Ce n'est qu'après Hochhuth que cette conscience collective a évolué. On s'est soudain trouvé en présence d'une vision nouvelle, complètement différente de l'histoire, qui le présentait comme une sorte d'exécutant du nazisme. Cette image était encore tellement absurde à l'époque qu'il n'y avait même pas lieu d'en débattre.

Au cours de ces années-là, nous avons rencontré de nombreux Juifs et aucun n'a jamais rien dit en ce sens. En revanche, ils ont tous beaucoup insisté sur la nécessité d'une déclaration du Concile encourageant l'établissement de bonnes relations entre l'Église et les Juifs. D'une déclaration qui porte un jugement positif sur le judaïsme et élimine ainsi les anciens préjugés ayant permis d'en arriver là. Ils y tenaient beaucoup. Et cela a effectivement abouti à une déclaration que les Juifs reconnaissent aujourd'hui encore comme un document fondamental sur la question. Il n'est jamais venu à l'esprit de mes amis juifs qu'il fallait défendre l'Église ou essayer de comprendre pourquoi elle n'était pas intervenue plus énergiquement.

Indépendamment de Pie XII, il nous paraît totalement incompréhensible aujourd'hui que le drame de la guerre mondiale, le drame des systèmes athées, dictatoriaux, ennemis de l'humanité à l'ouest et à l'est n'aient pas été abordés.

La situation était très différente à l'époque. L'Union soviétique, qui avait déjà englouti la moitié de l'Europe, exerçait une immense pression. Depuis la crise de Cuba, on pensait que le monde risquait d'exploser à tout moment. Tout le monde savait que Hitler avait été un criminel, et qu'aux mains d'une bande de criminels l'Allemagne avait commis des atrocités. Mais la menace présente était si forte, si accablante qu'elle empêchait de réfléchir au poids du passé.

Vos livres sur les différentes périodes du Concile ont été vos premières publications majeures. Ils ont même été reproduits sous forme de feuilleton dans un quotidien.

Sans doute, mais cela n'avait rien d'un exploit. Il s'agissait d'une suite de petits exposés. Le premier reprenait le texte d'une conférence que j'avais donnée à Bonn dans la grande salle des fêtes de l'université pleine à craquer. C'était en fait un événement universitaire. Il s'agissait d'informer et d'expliquer aux gens intéressés ce qui se passait véritablement au Concile. Il y avait eu tant de prises de parole qui allaient dans tous les sens qu'il était souhaitable, et utile, de faire entendre la voix authentique d'un participant et, dans une certaine mesure, d'un coresponsable.

Il n'y a pas eu de manifestations malveillantes ?

Ce bon Schmaus a affirmé que j'étais un théologien adolescent. Mais à part ça, je n'ai rien entendu de tel de la part des théologiens allemands.

Dans vos souvenirs, vous évoquez également les « excès de fatigue de la période du Concile ». Lorsque vous avez commencé vos cours du semestre d'été à Tübingen, vous étiez, écrivez-vous, « en assez mauvaise santé ».

C'était l'été 1966. Il est vrai que j'étais surmené. D'une part, j'étais encore à Münster, d'autre part, j'avais déjà été nommé à Tübingen. Je faisais donc la navette entre les deux villes, ce qui n'était pas une mince affaire en train. Comme je commençais tout juste à Tübingen, j'avais beaucoup de travail, c'était une université très exigeante, où l'auditoire était très sûr de lui. Il s'y ajoutait la charge de Münster. Cela faisait donc beaucoup.

Dans vos souvenirs, il est très souvent question de votre santé. Vous commentez votre nomination à l'évêché de Munich par cette phrase : « Je ne prenais pas cela très au sérieux, car les limites de ma santé étaient [...] connues. » Vous n'avez donc pas cessé de souffrir de problèmes de santé.

(Le pape rit.) Cela incite à faire attention à soi. Voilà comment on vit vieux.

Avez-vous subi des opérations ?

Non. On m'a posé un pacemaker, mais je n'ai pas eu d'autre intervention chirurgicale.

À quand cela remonte-t-il ?

C'était en 1997, je crois.

En décembre 1963, alors que le Concile a commencé depuis un an, votre mère meurt d'un cancer chez votre frère à Traunstein, après de longues souffrances. Êtes-vous arrivé à temps à son chevet ?

Oui. J'étais parti de Rome avant l'heure et rentré à la maison dès la Toussaint. Elle était déjà alitée. Si ma mémoire est bonne, je ne suis même pas retourné à Rome. En tout cas, j'ai pu rester avec elle pendant plusieurs semaines et l'accompagner jusqu'à sa mort.

Savait-on que son état était désespéré ?

Oui. Depuis janvier, elle n'arrivait presque plus à s'alimenter. Depuis le mois de juillet, elle n'absorbait plus que de la nourriture liquide. Ce qui ne l'empêchait pas de continuer à tenir son ménage. À la fin du mois d'octobre, elle a fait un malaise dans un magasin d'alimentation. À partir de là, nous avons compris que la situation était vraiment grave.

Vous avez donc accompagné votre père, décédé en août 1959, et votre mère dans les derniers jours de leur vie.

Ça a été un grand réconfort pour moi. Pour nous tous.

Votre position au sujet du Concile a progressivement évolué. Dans votre ouvrage de 1965 Ergebnisse und Probleme der 3. Konzilsperiode *(« Résultats et problèmes de la troisième période conciliaire »), on peut encore lire : « Le Concile et avec lui l'Église sont sur la voie. Il n'y a aucune raison d'être sceptique ni de se résigner. Nous avons toutes les raisons d'espérer, d'être joyeux et patients. » Et pourtant, dès le 18 juin, vous déclarez devant la communauté des étudiants catholiques de Münster que l'on commence à « se demander si en définitive, la situation n'était pas meilleure sous le régime des prétendus conservateurs qu'elle ne peut l'être sous le pouvoir du progressisme ». Un an plus tard, en juillet 1966, vous dressez au Katholikentag* de Bamberg un bilan marqué par le scepticisme et la désillusion. Et en 1967, dans un de vos cours de Tübingen, vous lancez un avertissement, affirmant que la foi chrétienne est désormais*

---

* Grand rassemblement annuel des catholiques allemands (N.d.T.).

entourée d'« une brume d'incertitude [...] comme jamais encore dans l'histoire ». La tragédie du Concile est-elle d'avoir marqué le début d'une nouvelle division interne de l'Église qui, dans le fond, perdure aujourd'hui ?

J'aurais tendance à répondre que oui. Les évêques voulaient renouveler la foi, l'approfondir. Mais d'autres forces ont joué, de plus en plus fortes, en particulier les journalistes qui ont réinterprété beaucoup de choses. À un moment, les gens se sont demandé : eh bien, puisque les évêques peuvent tout changer, pourquoi ne pouvons-nous pas tous en faire autant ? La liturgie a commencé à s'effriter et à céder à l'arbitraire. On a pu constater rapidement que ce qui partait d'une bonne intention était entraîné dans une autre direction. À partir de 1965, j'ai donc considéré de mon devoir d'exposer clairement ce que nous voulions réellement et ce que nous ne voulions pas.

Est-ce qu'on n'éprouvait pas aussi des remords d'avoir participé à cela, d'en être en partie responsable ?

On se demande évidemment si on a bien fait les choses. C'était une question à laquelle on ne pouvait pas se dérober, surtout quand on a vu que tout allait à vau-l'eau. Le cardinal Frings a eu de très vifs remords par la suite. Pour ma part, j'ai toujours été conscient que ce que nous avions dit et imposé concrètement était bon, et devait être fait. Nous avons bien agi en soi, même si nous n'avons certainement pas évalué correctement les conséquences politiques et les répercussions concrètes. Nous avons trop pensé aux aspects théologiques et insuffisamment réfléchi aux effets que tout cela risquait d'avoir.

Était-ce une erreur de convoquer le Concile ?

Non, c'était certainement une bonne chose. On peut évidemment se demander si c'était nécessaire. Certains y ont été hostiles d'emblée. Mais en soi, ça correspondait à un moment dans l'Église où l'on attendait quelque chose de nouveau, un renouvellement, un renouvellement qui viendrait de la collectivité et pas seulement de Rome, une nouvelle rencontre de l'Église universelle. L'heure avait sonné, tout simplement.

Un des objectifs du Concile était d'avoir un pape qui, comme vous l'avez formulé à l'époque, « n'entérine pas seulement les textes d'en haut, mais participe de l'intérieur à leur élaboration ». Une nouvelle physionomie de la primauté devait ouvrir la voie à une forme de « communauté » du pape et des évêques, qui reprendrait appui sur « l'esprit de simplicité qui est la marque de son origine... ». On dirait que cinquante ans plus tard, vous avez renoué précisément avec cette volonté et cherché à traduire les modèles du Concile dans l'accomplissement de vos fonctions, dans le style, le verbe, l'action, et même jusque dans l'apparence du pape. Est-ce exact ?

Oui, parfaitement.

Professeur et évêque

Münster (1963-1966)

À l'été 1963, Joseph Ratzinger accepte un poste à la faculté catholique de l'université de Münster, ville où la culture estudiantine est très présente. Le jeune professeur et sa sœur partagent avec plusieurs étudiants bavarois une maison de un étage dans l'avenue Annette-von-Droste-Hülshoff. Ils prennent leur repas dominical ensemble – parfois dans un bistrot voisin qui porte le joli nom de Gasthaus zum Himmelreich (« L'Auberge du royaume céleste »).

Ratzinger a quitté Bonn à la suite de désaccords. D'une part, certains de ses thésards étrangers ont rencontré des difficultés à la faculté, d'autre part, certains collègues influents éprouvaient de la jalousie et de l'envie à l'égard du jeune expert conciliaire. Il en aurait été tellement écœuré qu'il aurait, selon Hubert Jedin, décidé de partir. Ratzinger lui-même présente ce changement comme « la voie que [lui] indiquait la Providence », un commentaire qui, il est vrai, s'appliquait initialement à ses deux thésards qui devaient désormais trouver, espérait-il, de meilleures conditions de travail.

À Münster, ses homélies de l'Avent à la cathédrale font rapidement sensation. Lors de débats organisés, par exemple, avec Johann Baptist Metz et Hans Urs von Balthazar, il s'affirme comme un modérateur capable de démêler des sujets complexes et de clarifier les positions.

*

Saint Père, quitter Bonn relevait-il d'une de ces déci-sions qu'on prend en solitaire, dans une certaine mesure du jour au lendemain, parfois par irritation ?

Non. J'en ai bien sûr parlé au cardinal Frings puisque, en tant que professeur à la faculté de Bonn, j'étais son expert conciliaire et que, si j'acceptais la nomination à Münster, je ne pourrais pas forcément continuer à exer-cer cette fonction. Le cardinal, paternel comme à son habitude, et parlant avec sa bonté humaine et sa riche expérience, m'a répondu que je ne pouvais accep-ter cette nomination que si la dogmatique m'intéres-sait plus que la théologie fondamentale. Mais que ce serait une erreur de partir simplement par mécontent-tement. Après avoir longuement réfléchi, j'ai compris que ma vision de la théologie serait mieux à même de se développer dans la théologie dogmatique que dans la théologie fondamentale. Ce n'est donc pas par défaut que j'ai décidé d'accepter ma nomination à Münster.

À Münster, vous rejoignez un cercle de professeurs que le philosophe Josef Pieper (1904-1977) réunit chez lui tous les samedis à 15 heures, au 10, chemin Malmedy. Était-ce une sorte de club à l'anglaise ?

(Il rit.) Oui, tous les samedis après-midi, il retrouvait l'évêque Volk, Lausberg, le romaniste, et Beckmann, le latiniste. J'ai été, moi aussi, admis dans ce club. Nous avions de bonnes discussions, au cours desquelles il parlait surtout de ses voyages, de ses réflexions. C'était un bel équilibre intra-universitaire.

Comment ce cercle était-il organisé ? Comme une sorte de confrérie conservatrice ?

Pas du tout. À l'époque, Pieper se considérait, à mon image, comme un progressiste. Comme un homme en quête d'innovation, notamment à travers une nouvelle exégèse de Thomas d'Aquin. Ses cours passionnaient ses auditeurs. Il était à Münster ce que Guardini était à Munich. Ce n'est que plus tard qu'il a suivi le même cheminement que Lubac et moi. Nous avons constaté que ce que nous voulions, cette nouveauté précisément, était détruit. Alors il s'est dressé très énergiquement contre cette tendance.

Venons-nous à présent à Hans Urs von Balthazar. Quand avez-vous fait sa connaissance exactement ?

J'avais déjà lu ses écrits pendant mes études, bien sûr. En 1949, j'avais assisté à la conférence qu'il avait donnée à l'université de Munich. À Freising déjà, je me servais de ses écrits dans mon cours. Mais je n'ai fait personnellement sa connaissance qu'à Bonn, en 1960. Le livre d'Alfons Auer *Weltoffener Christ* (« Le Christ ouvert sur le monde ») venait d'être publié. Balthazar estimait que cette ligne, cette ouverture sur le monde, était néfaste et il nous a invités, Alfons Auer, Gustav Siewerth, moi et un autre, à venir en parler à Bonn. Je ne sais pas pourquoi il m'a invité. Auer n'étant pas venu, la rencontre a perdu sa raison d'être. Mais une amitié s'est-elle nouée à partir de là ?

C'était pourtant un homme d'un genre très différent du vôtre.

C'était un véritable aristocrate, il était grand, élancé, noble, avec une retenue tout aristocratique. Pourtant, nous nous sommes très bien entendus, sur-le-champ.

*Vous ne cessez de dire : « Je ne suis pas un mystique »,
et vous voilà l'ami d'un mystique.*

Oui, et alors ?

*En 1965, vous vous trouviez déjà à Münster quand
Balthazar est devenu docteur honoris causa. La même
année, vous vous rencontrez à Bâle. Se sont ensuivies une
vaste correspondance et dans les années 1980 de nombreuses
conversations téléphoniques. Comment les choses se passaient-
elles avec lui ?*

Ha ! ha ! tout à fait normalement. « *Da isch Balthazar* »,
disait-il invariablement, du vrai schwyzerdeutsch*. Et puis,
nous bavardions tout à fait normalement au téléphone.

Vous l'appeliez Urs ?

Non, non, nous ne nous tutoyions pas.

*Vous avez donné ensemble des conférences à l'Académie
catholique à Munich, publié un livre sur la Vierge. Votre
ouvrage* Dogme et annonce** *est dédié à Balthazar. Il
vous a rendu la pareille en vous dédiant ses* Skizzen zur
Theologie *(« Esquisses de théologie ») en cinq volumes.
Comment caractériseriez-vous cette relation très intense ?*

J'ai vraiment découvert Balthazar en 1961, quand la
revue *Hochland* m'a envoyé deux de ses volumes d'articles
récemment publiés pour que j'en fasse le compte rendu
– *Verbum Caro* et *Sponsa Verbi*. Pour pouvoir en parler,
il a bien fallu que j'en fasse une lecture approfondie. À

---

* « Ici Balthazar ». Le « schwyzerdeutsch », suisse allemand, est le dia-
lecte alémanique parlé en Suisse (N.d.T.).
** Titre original : *Dogma und Verkündigung*, trad. fr. A.-M. Gosselin,
Plans sur Bex, Parole et Silence, 2012 (N.d.T.).

dater de ce moment, Balthazar est devenu une référence. Ses textes étaient habités par la théologie des Pères, par une vision spirituelle de la théologie véritablement issue de la foi et de la contemplation, qui possède de profondes racines en même temps qu'elle est nouvelle. Rien de toutes ces choses académiques dont on ne peut rien faire en définitive, mais la synthèse entre l'érudition, un vrai professionnalisme et la profondeur spirituelle. J'ai été conquis. Et à partir de là, nous avons été liés.

Une authentique affinité spirituelle ?

Oui. Même si je suis incapable de rivaliser avec lui en matière d'érudition. Mais l'intention intérieure, la vision en tant que telle, nous était commune.

Vous ne pouviez pas rivaliser avec lui en matière d'érudition ?

Non, absolument pas. Vraiment pas. Ce que cet homme a écrit et fait est incroyable. Il n'a pas de doctorat en théologie. À l'origine, il était germaniste et chaque fois qu'on voulait le nommer au sein de la Commission théologique, il disait : « C'est que je ne suis pas théologien, je ne peux pas faire ça. » Et il ajoutait : « Vous savez, à Bâle, nous n'avons pas de bibliothèque. »

Vos relations avec Balthazar étaient-elles de nature purement intellectuelle et spirituelle, ou également personnelle ?

Personnelle aussi. Il m'a invité un jour au Rigi, par exemple. Dans une maison qui appartenait à une personne fortunée qui l'avait mise à sa disposition. Nous avons passé quelques jours ensemble dans les alpages. Quand nous allions à la messe, il avait toujours sur lui un paquet de lettres qu'il postait. Il les avait écrites à l'aube, à la suite, de sa belle écriture. Les mots coulaient de sa plume. Pour les livres, c'était la même chose, ça venait tout seul. Mme Capol, sa secrétaire, revoyait son texte ensuite, corrigeait d'éventuelles petites erreurs et préparait la copie pour l'imprimeur.

À quoi ressemblaient ces journées en montagne à deux ?

(Il rit.) Nous travaillions chacun de notre côté pendant la journée, nous déjeunions, puis nous partions en promenade. En tout cas, il est inutile d'être alpiniste pour se promener là-bas.

Avez-vous également connu Adrienne von Speyr, sa compagne spirituelle ? Elle était médecin et mystique, évangélique au départ. Elle a dicté ses visions, sur l'Apocalypse par exemple, à Balthazar, qui les a remaniées pour la publication.

Non, elle n'était plus en vie. Je n'ai d'ailleurs pas pu rester en relation avec lui pendant les années du Concile. Cela n'a été possible que durant mes années à Tübingen, et elle était déjà morte.

Son œuvre ne vous séduisait pas beaucoup ?

Non, en effet. C'est un point qui nous différenciait. C'était, lui aussi, un homme aux tendances mystiques, c'est évident.

Balthazar vous a-t-il également critiqué ? On lui attribue ce commentaire : « Si Ratzinger ne continue pas à évoluer, il lui manquera toute une dimension. » Il était apparemment question de prendre la Croix pour guide.

Ah oui ? Où ça ?

Il me semble que c'est votre ancien collègue Johann Baptist Metz qui me l'a dit.

Intéressant. Vous avez parlé à Metz ?

Oui.

Et c'était bien ?

J'ai trouvé remarquable qu'à la fin de sa vie il se soit demandé si le concept de « théologie politique » qu'il avait forgé n'était pas une erreur, si tout cela n'était pas creux en définitive. Il avait apparemment eu à l'esprit tout autre chose que l'interprétation qu'on en avait donnée. Manifestement, il regrette aussi que vous ayez interprété sa théologie quasiment dans le sens de celle d'Ernst Bloch.

Ce qui était pourtant un peu le cas. Et il a fait preuve d'une certaine naïveté. Ce qui m'étonnait par ailleurs, c'est qu'il développait une grande théologie politique novatrice, en semblant tout ignorer de l'article qu'Erik Peterson avait publié en 1935, où il revenait sur sa controverse avec Carl Schmitt, critiquant de fond en comble sa conception d'une théologie politique. Mais j'ajouterais que Metz a toujours été une grande inspiration pour la théologie et a toujours porté un regard juste sur ses questions essentielles. Il est aussi toujours resté dans la foi de l'Église. En outre, j'ai beaucoup apprécié que, malgré toutes nos oppositions, il m'ait invité à venir parler pour son 70e anniversaire.

Revenons-en à Balthazar et à sa critique...

C'est tout à fait possible. C'était un homme à la vision très vaste, et il est dans le pouvoir de chacun de distinguer ce qui reste invisible à un autre. Ça me paraît tout à fait normal.

Depuis Münster, vous avez continué à participer au Concile. Vos cours faisaient salle comble, ils étaient polycopiés à plusieurs centaines d'exemplaires et circulaient dans toute l'Allemagne. Mais au bout de trois années seulement, nouveaux adieux, cette fois pour Tübingen, où Hans Küng était énergiquement intervenu en faveur de votre nomination. Ces départs répétés apparaissent comme le fil conducteur de votre existence. Et une fois de plus, vos amis, vos collègues et les observateurs extérieurs n'ont pas compris. Aviez-vous des raisons de partir que vous n'avez encore confiées à personne ?

(Il rit.) Non. En réalité, j'ai eu beaucoup de mal à prendre cette décision. Une des raisons de mon départ était que Münster était trop au nord pour moi, tout simplement. Je suis tellement attaché à la Bavière qu'il m'était pénible à terme de vivre à Münster, j'étais trop loin de chez moi. D'autant plus que je me sentais très bien chez mon frère* à Ratisbonne et que j'avais tout le temps envie d'y aller. En train, c'était un voyage interminable. L'autre raison était que j'estimais que la théologie politique de Johann Baptist Metz imprimait une direction néfaste en introduisant la politique dans la foi. Vivre constamment dans le conflit au sein de sa propre faculté, ce n'était vraiment pas ma tasse de thé. D'autant plus que sur le plan humain, je m'entendais bien avec Metz. Il m'a paru plus judicieux d'aller à Tübingen et de rejoindre la tradition de cette université.

---

* Georg Ratzinger est à cette époque maître de chapelle à la cathédrale de Ratisbonne et dirige les « Domspatzen », enfants de chœur mondialement célèbres (N.d.A.).

Comment avez-vous pu imaginer que la situation serait différente à Tübingen ? Dans une ville évangélique, où les professeurs protestants ne seraient pas forcément aux petits soins pour vous ? Sans compter que vous aviez commencé à critiquer le Concile.

Je ne peux que m'étonner moi-même de ma propre naïveté. Il n'empêche que j'ai entretenu d'excellentes relations avec de nombreux professeurs de la faculté de théologie évangélique. Il y avait des gens vraiment remarquables, Otto Michel, Ulrich Wickert et d'autres. Martin Hengel n'était pas là à l'époque. En fait, je pensais en toute innocence que si Küng avait évidemment la langue bien pendue et tenait des propos osés, dans le fond, il tenait tout de même à être un théologien catholique. Il avait donné une très belle conférence sur l'unité des Écritures, vraiment très positive, et d'autres choses. Je ne pouvais pas prévoir qu'il allait porter la rupture de plus en plus loin.

Tübingen (1966-1969)

Votre déménagement de Münster à Tübingen s'est fait dans la vieille Opel Kadett de Vinzenz Pfnür, votre « élève originel », comme vous l'appeliez. Pourquoi n'avez-vous jamais passé votre permis de conduire ?

Je n'en sais rien moi-même…

Parce que votre sœur avait trop peur ?

Non, non, cela ne m'aurait pas dissuadé de le faire. Mon père voulait que ses trois enfants passent le permis. Aucun ne l'a fait. Je n'ai pas eu le temps, c'est tout. Et je dois avouer que j'avais le sentiment d'être assis dans une machine bizarre. Parcourir le monde au volant d'une voiture me paraissait aussi excessivement dangereux. Cette idée d'Opel Kadett est une erreur. En réalité, c'est Lehmann-Dronke, un assistant, qui m'avait conduit de Tübingen à Ratisbonne dans une Coccinelle, une antiquité, et qui s'est ensuite fait contrôler par un policier méfiant sur l'état du véhicule mais tout était en ordre. De Münster à Tübingen, j'ai pris le train.

Vous êtes immédiatement séduit par Tübingen. Vous avez parlé du « charme de cette petite ville souabe » que vous avez éprouvé avec une « grande force ».

C'est vrai, c'est une jolie ville. Ne serait-ce que la place du marché, avec l'église évangélique, et puis la Gôgei*, les prairies qui s'étendent en bas, au bord du Neckar, tout ça. De chez moi, je voyais la chapelle de Wurmlinger, juste en face.

Vos étudiants de Tübingen vous décrivent comme un homme particulièrement sociable. Il paraît cependant que vous ne parliez pas beaucoup.

Je ne sais pas (il rit). C'est vrai que dans le fond, je ne suis pas tellement bavard. Mon frère est très différent.

Travailler constamment avec les gens que vous avez sous la main : il semble que vous en ayez toujours fait un principe. Votre cercle d'élèves n'était pas homogène parce que personne n'en était exclu.

La diversité est toujours une bonne chose.

---

* L'ancien quartier des vignerons de Tübingen, dans la vieille ville (N.d.A.).

Vous commencez invariablement vos séminaires de doc-torat par une messe, ce qui était considéré comme plutôt exotique à Tübingen. Un jour, vous êtes allé avec vos étu-diants rendre visite au théologien protestant Karl Barth, en Suisse. Comment cette relation s'est-elle nouée ?

J'étais déjà devenu plus ou moins barthien, critique il est vrai, par l'intermédiaire de Gottlieb Söhngen. Il faisait partie des Pères de la théologie avec lesquels j'avais grandi. S'y ajoutait un lien par le biais de Balthazar, un grand ami de Barth. Nous sommes donc allés le voir. C'était déjà un très vieil homme. Nous n'avons pas eu de discussion approfondie avec lui, mais ça a été une belle rencontre.

Vous l'admiriez beaucoup ?

Oui. Il m'aimait bien, lui aussi. À l'occasion de mon voyage en Allemagne en 2010, le président Schneider* m'a confié que Karl Barth lui disait tout le temps : « Lisez Ratzinger ! »

Et vous, vous lisiez Sartre à l'époque, n'est-ce pas ?

C'était un auteur qu'il fallait lire. Sartre a écrit l'es-sentiel de sa philosophie au café. Ce qui l'a rendue moins profonde, mais plus pénétrante, plus réaliste. Il a donné une traduction concrète de l'existentialisme de Heidegger. Les alternatives se dégageaient beaucoup plus clairement. Pieper l'a très bien fait ressortir.

Avez-vous eu des contacts avec Ernst Bloch à Tübingen ?

J'ai été invité chez lui une fois. Un tout petit cercle, six, sept personnes peut-être. C'était une drôle de soirée,

---

* Nikolaus Schneider, président de l'Église évangélique de Rhénanie de 2003 à 2013 (N.d.T.).

je dois dire. Il y avait également un Arabe parmi nous, c'était peut-être même moi qui l'avais amené. En tout cas, quelqu'un avait un narghilé et Bloch a dit : « Ça faisait longtemps que j'avais envie de m'y remettre. » Et il s'est avéré qu'il ne savait même pas s'en servir. (Il rit.)

Qu'est-ce qui vous avait valu l'honneur d'être invité ?

Je ne sais plus, je ne saurais pas vous le dire.

Votre sœur avait-elle des problèmes relationnels avec les professeurs ?

Elle n'aurait pas été très à l'aise avec des types vraiment bizarres. Mais nous invitions certaines personnes fréquemment, Küng et d'autres. Elle aimait beaucoup ça.

Était-elle plutôt réservée ?

Oui, en effet.

Était-ce un problème pour vous ?

Non.

Ce n'était pas à franchement parler une mondaine ?

Non, certainement pas. Mais ce n'était pas ce qu'on lui demandait.

À Tübingen, vous vous achetez votre premier téléviseur. Votre frère Georg attribue cette acquisition à votre « addiction aux informations ».

(Petit rire.) Non. En fait, je n'en voulais pas, mais j'étais très lié à l'aumônier des étudiants, Starzen, un très brave homme. Il est venu me voir un jour et m'a dit : « Tu sais quoi ? Aujourd'hui on va aller là et là, et on va acheter une télévision. » C'était une sorte de supermarché. On pouvait y acheter des saucisses et de la viande et, au milieu des boîtes de conserve, il y avait quelques téléviseurs. Nous en avons acheté un qui n'était pas fameux d'ailleurs.

La Foi chrétienne hier et aujourd'hui * *a été publiée en 1968. Cet ouvrage a ceci de particulier que son texte n'a pas été initialement conçu pour être un livre, n'est-ce pas ?*

Si. J'étais encore à Bonn quand le responsable des éditions Kösel, le docteur Will, m'a demandé d'écrire un *Wesen des Christentums* (« Nature du christianisme »). Il est revenu sur le sujet à plusieurs reprises, et s'est montré de plus en plus insistant. À Tübingen, je faisais cours en alternance avec Küng. Un semestre, j'assurais le cours principal, l'autre semestre c'était lui et j'étais libre. C'est pendant un de ces semestres que je me suis dit : le moment est venu, je vais prendre ça comme sujet de cours et en faire ensuite le livre qu'on me demande.

La Foi chrétienne hier et aujourd'hui *n'est donc pas le fruit des notes prises en cours par vos élèves ?*

Non. Je l'ai rédigée dans ma sténo personnelle, puis je l'ai dictée et remaniée.

Cet ouvrage est rapidement devenu un classique, et a connu d'innombrables éditions dans le monde entier. Il a influencé des générations de lecteurs, dont rien de moins

---

* Titre original : *Einführung in das Christentum,* trad. fr. E. Ginder et P. Schouver, Paris, Cerf, 2005 (N.d.T.).

181

que Karol Wojtyła, le futur pape Jean-Paul II. Son succès vous a-t-il surpris ?

Plutôt, oui.

Personne ne l'avait prévu.

Non, effectivement. Ce livre se vend toujours d'ailleurs.

Et continuera probablement à se vendre pendant des décennies. Vous rédigez dans une sténo bien à vous, avec des abréviations spéciales. Quelqu'un a dit que vous arriviez à faire tenir le texte d'une longue conférence sur une feuille au format A4. Avez-vous également écrit les livres sur Jésus en sténo ?

Tout. Autrement, il me faudrait beaucoup trop de temps pour écrire. Ça me fait penser à Rahner qui disait, en soupirant, quand nous écrivions : « Oh ! là là, que c'est rasoir de tout noter comme ça. » (Il rit.) En sténo, c'est bien plus facile.

En 1968 à Tübingen, vous entreteniez encore d'excellentes relations avec le théologien suisse Hans Küng qui, par la suite, pendant des dizaines d'années, vous a littéralement poursuivi de ses diffamations et de ses calomnies — prétendant par exemple que vous étiez terriblement avide de pouvoir, que vous aviez mis en place un système de surveillance digne de la Stasi et qu'après votre renonciation vous aviez l'intention de gouverner comme un « pape de l'ombre ». Il avait par ailleurs un style de vie très différent du vôtre. Alors que votre collègue roulait en Alfa Romeo, vous circuliez encore sur votre vieux vélo. Par rapport à vous, c'était vraiment un grand bourgeois.

Bien sûr, il avait d'autres origines, il venait de Sursee, la famille possédait un magasin de chaussures, une belle maison bourgeoise. C'était un milieu tout différent du mien, c'est certain.

Une de vos formules habituelles était : « Je suis par-faitement d'accord avec mon collègue Küng », et Küng déclarait : « Je partage fondamentalement l'avis de mon collègue Ratzinger. » Vous avez participé tous les deux à l'édition de la série d'ouvrages dans laquelle a également été publié le livre de Küng Qu'est-ce que l'Église ?*.

C'est à ce moment-là que j'ai vraiment senti que cela ne pouvait pas continuer et que j'ai décidé de me reti-rer de cette édition. J'ai encore collaboré à l'édition de son livre, mais je crois que c'est le dernier.

À qui avez-vous annoncé ce départ ?
J'ai écrit que je ne voulais plus être coéditeur.

Vous l'avez écrit à Küng ?
Peut-être aussi à Herder. Je ne sais plus.

Sans justification ?
À quoi bon ?

Küng a dû y voir un affront.
Nous ne nous sommes jamais querellés, mais nous avons bien été obligés de constater – enfin, moi plus

---

* Titre original : *Die Kirche*, trad. fr. H. Rochais et J. Evrard, Paris, Cerf, 1990 (éd. abrégée) (N.d.T.).

clairement que lui peut-être – que nos divergences ne pouvaient que s'aggraver.

C'est le 25 juillet, dans l'atmosphère tendue de 1968, qu'a été proclamée l'encyclique Humanae Vitae, *la fameuse encyclique de Paul VI dite de la pilule. Qu'en avez-vous pensé à l'époque ?*

Humanae vitae a été un texte problématique pour moi dans la situation et dans le contexte de la pensée théologique où je me trouvais alors. Elle contient des éléments tout à fait valables, évidemment, mais son mode d'argumentation n'était pas satisfaisant pour nous, pour moi, à l'époque. Je recherchais une vision anthropologique de plus grande ampleur. Dans les faits, le pape Jean-Paul II a complété plus tard cette encyclique, marquée par le droit naturel, en y ajoutant un point de vue personnaliste.

Par la suite, Hans Küng, comme nous l'avons déjà dit, allait se révéler un adversaire acharné. Ce n'est pas comme Mozart et son rival Salieri, mais vous devez tout de même une large part de votre mauvaise réputation à cet ancien collègue que vous aviez pourtant encore reçu après votre élection en 2005. Qu'est-ce qui se dissimule derrière cela ?

Eh bien, son parcours théologique a pris une direction différente et n'a cessé de se radicaliser. Je ne pouvais pas, je ne voulais pas le suivre. Quant à savoir pourquoi il a fait de moi son ennemi intime, je ne saurais vous le dire. Après tout, d'autres que moi ont écrit contre lui, à commencer par Rahner.

Les attaques contre vous ont continué, jusqu'au bout.

C'est un fait.

Pendant le Concile, vous avez collaboré avec Karl Rahner, Hans Küng vous a recommandé pour la chaire de Tübingen et vous, à votre tour, vous êtes prononcé pour que Metz, un homme de gauche, vous succède à Münster. Avez-vous changé de camp à un certain moment ? Que s'est-il passé ?

J'ai constaté que la théologie n'était plus seulement l'interprétation de la foi de l'Église catholique, mais qu'elle inventait elle-même ce qu'elle pouvait et devait être. Pour moi, théologien catholique, c'était inconciliable avec la théologie.

À cette époque, il y a eu une pétition pour abroger le célibat, que vous avez signée. Était-ce un faux pas ?

Le projet qu'avaient préparé Rahner et Lehmann a été discuté à la commission doctrinale de la Conférence épiscopale allemande, où nous siégions ensemble. Ce texte était tellement tortueux, comme d'habitude chez Rahner, qu'il défendait le célibat d'une part, tout en invitant d'autre part à ouvrir le débat et à poursuivre la réflexion. Si j'ai signé, c'était plutôt par amitié pour les autres. Ce n'était évidemment pas très judicieux. Je dirais qu'il n'exigeait pas l'abrogation du célibat. C'était un texte typique de Rahner, abstrus, ni oui, ni non, que l'on pouvait interpréter aussi bien dans un sens que dans l'autre.

Vous avez toujours refusé d'admettre la moindre volte-face par rapport à votre pensée antérieure.

Je crois qu'il suffit de lire mes écrits pour s'en convaincre.

Nous en arrivons au début de la phase la plus brûlante de la révolte étudiante, avec des sit-in, *des blocages, des grèves. Avez-vous assisté de près aux manifestations ?*

Non.

Avec votre allure juvénile, vous auriez pourtant pu passer partout, on vous aurait pris pour un étudiant.

C'est possible. (Il rit.) À l'époque, j'étais très lié avec le doyen de la faculté de droit, Peters, qui habitait tout près de chez moi. Durant cette même période, j'ai aussi adhéré, soit dit en passant, à l'association Freiheit der Wissenschaft (Liberté de la science), où Hans Maier m'avait entraîné. Nous avons collaboré étroitement avec des collègues qui cherchaient à éviter que tout cela ne dégénère complètement.

La révolte des étudiants a-t-elle réellement été un traumatisme pour vous comme Hans Küng l'a inlassablement répété ?

Pas du tout. Et il ne s'est pas produit le moindre incident durant mes cours, d'ailleurs. Mais la terreur qui régnait a été une expérience dramatique.

En 1970, Hans Küng a coordonné la parution de son pamphlet Infaillible ? Une interpellation* *à l'encyclique* Humanae Vitae. *Dès le moment où vous affirmez dans votre compte rendu de ce livre que votre collègue sort du cadre de la catholicité, a-t-il été clair que tout lien était définitivement rompu entre vous ?*

Oui, bien sûr.

---

* Titre original : *Unfehlbar*, trad. fr. H. Rochais, Paris, Desclée de Brouwer, 1971 (N.d.T.).

Dans quelle mesure avez-vous contribué à ce que l'Église lui retire son habilitation à enseigner la théologie en 1979 ?

Je n'y ai absolument pas participé directement. Au cours des années précédentes, il était arrivé qu'on me demande des expertises, et j'avais toujours dit : laissez-le tranquille. J'estimais qu'il fallait bien préciser qu'il avait tort sur le plan théologique, mais je n'ai jamais conseillé qu'on prenne des sanctions. Le cardinal Franjo Šeper, mon prédécesseur à la Congrégation pour la Doctrine de la foi, était extrêmement contrarié qu'il ne se passe rien. Il était vraiment en colère. « Cela fait maintenant quinze ans que je suis ici, disait-il, on détruit l'Église et nous n'intervenons pas. Si on laisse passer ça, j'arrête tout. » Il en était arrivé au point où il ne supportait plus cette situation. Cette inaction heurtait sa conscience. Jean-Paul II a alors invité les cardinaux allemands – Höffner, Volk, moi-même – ainsi que l'archevêque de Fribourg et l'évêque de Rottenburg-Stuttgart – c'était au moment de Noël – à en rediscuter avec lui. Mais la décision avait déjà été prise. Et, malgré l'abstention de l'évêque de Rottenburg, nous sommes convenus qu'il ne fallait plus revenir là-dessus, qu'il fallait assumer.

La condamnation de Küng a-t-elle été décidée, comme il le prétend, sans qu'il ait été entendu et sans qu'il ait eu accès au dossier ?

Non. Je n'étais pas encore à Rome, bien sûr, mais il existe des procédures qui ont été respectées. Il n'est pas dans les habitudes qu'on produise les pièces d'un procès, mais il savait parfaitement comment les choses se passaient, il a été interrogé et il a pu répondre.

187

Ratisbonne (1969-1977)

Tout est bien qui finit bien. Le jeune professeur retrouve sa chère Bavière natale, pour le plus grand plaisir de sa sœur Maria et de son frère Georg. Ratzinger est élu doyen de la faculté catholique, puis vice-recteur de l'université, en 1976. Et il rêve de consolider son œuvre théologique. C'est à cette époque qu'il publie des ouvrages majeurs comme *La Mort et l'au-delà : court traité d'espérance chrétienne** et *Le Nouveau Peuple de Dieu***, où il traite notamment de la « collégialité des évêques » et du « renouveau de l'Église ». Il peut enfin élaborer un certain nombre de questions, notamment celles de la mort et de l'immortalité, de la vie éternelle, du retour du Christ et du Jugement dernier. Il considère l'ouvrage qu'il consacre à cette thématique, *Eschatologie*, comme son livre le plus abouti.

*

Vous n'êtes jamais resté longtemps au même endroit. Comme un solitaire peut-être, qui ne s'adapte pas forcément. Vous êtes parti de Bonn, de Münster, puis de Tübingen.

J'ai tout de même été préfet*** de 1982 à 2005.

Mais vous avez envisagé d'arrêter dès la fin de la première période.

Peut-être. En même temps, il était déjà évident que ce ne serait pas possible (rire).

---

* Titre original : *Das Geheimnis von Tod und Auferstehung*, trad. fr. H. Rochais, Paris, Fayard, 2005 [1979] (N.d.T.).

** Titre original : *Das neue Volk Gottes. Entwürfe zur Ekklesiologie*, trad. fr. R. Givord et H. Bourboulon, Paris, Aubier Montaigne, 1971 (N.d.T.).

*** Préfet de la Congrégation pour la Doctrine de la foi (N.d.T.).

Quant à Ratisbonne, où vous aviez l'intention de rester, vous n'avez pas pu le faire. Aurait-ce été le grand bonheur de votre vie ?

On peut dire cela, oui.

Vous vous étiez installé à Ratisbonne, vous aviez fait construire une maison pour votre frère, votre sœur et vous, et vous en avez été brutalement arraché. Vous avez été consterné quand le nonce lui-même vous a informé que le pape voulait vous nommer évêque de Munich. Votre consternation et votre incompréhension n'étaient pas seulement dues au fait que cela vous empêcherait d'enseigner la théologie, ce que vous considériez comme votre vraie profession. Vous jugiez également qu'on aurait dû, comme vous l'avez exprimé plus tard, être conscient en haut lieu de votre « inexpérience en matière de direction et d'administration ». Est-ce la grande rupture de votre vie, la fin de vos rêves ?

Oui, mais chacun sait qu'on ne peut pas vivre selon ses rêves.

Après une nuit de conflit intérieur, vous signez votre déclaration d'acceptation dans une chambre d'hôtel de Ratisbonne. De quel hôtel s'agissait-il ?

C'était – mon Dieu, comment s'appelait-il ? Quand vous venez de la gare et que vous entrez en ville… quoi qu'il en soit, il y avait un hôtel sur la droite. Je ne sais même pas s'il existe encore.

Votre confesseur, avec qui vous vous êtes concerté au cours de cette nuit dramatique, était le professeur Johann Auer, un homme, écrivez-vous dans vos souvenirs, qui

« *avait une vue très réaliste de [vos] limites sur le plan théologique aussi bien qu'humain* ». *Qu'entendez-vous par* « *limites sur le plan humain* » ?

Il était d'avis — comment dire ? — que j'avais encore beaucoup à apprendre, que j'étais loin d'être parfait, que j'avais des problèmes. Nous étions amis, et c'est à ce titre qu'il me faisait des reproches fraternels — précisément parce qu'il avait conscience de mes limites.

Il vous a tout de même encouragé à franchir le pas.

C'était franchement drôle, oui. Je m'attendais qu'il dise : « Mais non, tu ne peux pas faire ça ! » Parce que, en général, il ne cessait de me dire : « Ce n'est pas pour toi ! » ou de me reprocher d'avoir fait ceci ou cela de travers, et ainsi de suite. J'étais donc certain qu'il allait répondre : « Ce n'est pas pour toi ! »

Parce qu'il connaissait votre timidité peut-être ?

Je ne pense pas. Peut-être un peu, mais…

Votre réserve, à en croire un de vos anciens assistants, était devenue si forte qu'il fallait vraiment très bien vous connaître pour vous faire sortir de votre coquille.

(Il rit.) C'est un peu exagéré.

En la personne d'Auer, vous étiez en tout cas en présence d'un homme avec qui vous pouviez aborder des sujets même très personnels.

Oui, oui.

Munich (1977-1982)

Au terme de près de vingt-cinq ans d'enseignement dans des universités allemandes, le docteur Joseph Ratzinger est nommé archevêque de Munich et Freising par Paul VI le 25 mars 1977. La capitale bavaroise découvre ainsi un des analystes de la société les plus éloquents, qui apporte une contribution évidente aux questions éthiques du temps présent. Ses homélies font fureur. Plusieurs séries d'ouvrages paraissent : *Eucharistie. Mitte der Kirche* (« Eucharistie. Au cœur de l'Église ») ; *Christlicher Glaube und Europa* (« La Foi chrétienne et l'Europe ») ; *Glaube, Erneuerung, Hoffnung* (« Foi, renouveau, espoir »), sous-titré *Theologisches Nachdenken über die heutige Situation der Kirche* (« Réflexion théologique sur la situation actuelle de l'Église »).

*

Paul VI meurt le 6 août 1978. Après une brève rencontre au cours du synode un an plus tôt, le conclave vous donne l'occasion de nouer pour la première fois une relation personnelle avec Karol Wojtyła, cardinal de Cracovie. Quel souvenir en gardez-vous ?

J'avais déjà été très impressionné par les propos qu'il avait tenus pendant le préconclave. Il m'avait fait l'effet d'un homme réfléchi, qui possédait une solide formation philosophique ; d'un homme particulièrement pieux aussi et croyant, chaleureux, bienveillant. Cette impression s'est confirmée quand je l'ai rencontré. Un homme cultivé et plein d'humour, avec une humanité et une foi chaleureuses.

Dans quelle langue communiquiez-vous ?

En allemand. Il parlait très bien allemand. C'était sa première langue vivante, celle qu'il avait apprise dès sa première année de collège, celle aussi qu'il maîtrisait le mieux.

Karol Wojtyła, d'abord évêque auxiliaire puis archevêque de Cracovie, a participé au Concile, comme vous. Ne vous étiez-vous pas croisés à Rome ?

Au Concile, non. Mais j'avais déjà entendu parler de lui. Je savais qu'il était philosophe et qu'il venait de prendre la parole au congrès philosophique de Naples*.

Le conclave d'août s'était prononcé pour Albino Luciani, qui est devenu Jean-Paul Ier, le « pape du sourire », comme on l'a rapidement surnommé. Et voilà que trente-trois jours plus tard, l'Église catholique doit porter un nouveau pape au tombeau. La grande assemblée ecclésiastique recommence à siéger. En qualité de cardinal de Munich, vous avez participé aux deux conclaves. Un événement sensationnel allait se produire. En effet, pour la première fois depuis cinq cents ans, c'est un pape non italien qui a été élu en la personne de Karol Wojtyła. Avez-vous joué un rôle important dans son élection ?

Non, je ne pense pas. J'étais l'un des plus jeunes cardinaux et d'ailleurs, je ne me serais pas permis de prétendre jouer un rôle quelconque. Je suis fondamentalement hostile aux conjurations et à ce genre de choses, surtout pour l'élection du pape. Chacun doit voter en accord avec sa conscience. Évidemment, les germanophones ont discuté entre eux, mais sans passer le moindre accord.

---

* Congrès thomiste international en 1974 (N.d.T.).

On dit néanmoins que les participants germanophones, conduits par le cardinal de Vienne König, auraient largement soutenu le choix de Wojtyła.

Soutenu oui, c'est certain.

Et vous vous êtes totalement tenu à l'écart ?

Tout ce que je peux dire, c'est qu'à l'extérieur du conclave König a discuté avec différents cardinaux. Ce qui s'est passé à l'intérieur reste et restera secret. En tant que tout nouvel archevêque, je me suis tenu entièrement à l'écart de l'ensemble des activités publiques. Nous nous sommes retrouvés entre cardinaux germanophones pour nous concerter sur certains points. Mais personnellement, je n'ai pas fait de politique, en aucune façon. Cela ne me paraissait pas approprié à ma situation.

La victoire du Polonais vous a-t-elle effrayé ?

Non. Pas du tout. J'étais pour son élection. Le cardinal König m'avait parlé. Et notre rencontre, bien que brève, m'avait convaincu qu'il était effectivement l'homme de la situation.

Le 264e pontificat de l'Église catholique romaine commence le 16 octobre 1978. Cet homme nouveau qui se présente comme venu d'un « pays lointain » marque le début d'une ère de changement qui va transformer le monde comme personne ne l'aurait imaginé. L'élection de Wojtyła vous a placé dans une nouvelle situation. Car celui qui vient d'être élu pape tient à vous avoir à ses côtés, à Rome.

Je l'ignorais encore, mais je n'ai pas tardé à l'apprendre.

Pouvez-vous préciser ? Quand exactement avez-vous reçu ce premier appel ?

Je ne saurais plus le dater avec précision. Je savais qu'il voulait que je vienne. Un an auparavant, il avait fallu procéder à une nouvelle nomination à la Congrégation pour l'Éducation catholique. Il voulait déjà que j'y aille. J'avais répondu : « C'est impossible. Cela fait si peu de temps que je suis à Munich, j'ai fait une promesse, je ne peux pas partir comme ça. » C'est donc le cardinal Baum de Washington qui a été nommé. Mais ensuite, je n'ai plus pu refuser. Enfin, j'ai tout de même posé une condition, qui ne me paraissait pas acceptable. J'ai dit : « Je ne peux donner mon accord que si je suis autorisé à continuer à publier. » Il a d'abord hésité, il s'est informé et a appris que le cardinal Garrone, qui avait occupé ces fonctions avec Baum, avait publié. Alors il a dit : « C'est entendu. »

N'est-ce pas faire affront au pape que d'imposer des conditions ?

(Il rit.) Peut-être, mais j'estimais que je devais le faire. Parce que j'étais profondément convaincu qu'il était de mon devoir d'être en mesure de dire quelque chose à l'humanité.

Préfet

Rome (1982-2005)

Ses adieux à Munich ont clairement montré combien Ratzinger s'était enraciné dans cette ville, comme dans l'ensemble de la Bavière. L'épiscopat l'avait transformé en pasteur proche du peuple. Jamais encore un cardinal n'avait, lors de ses adieux, fait l'objet de tant d'éloges, de telles manifestations de sympathie de la part du public, avec même une retransmission en direct sur l'ARD*.

Ratzinger avait pourtant un sombre pressentiment. Il savait que les nouvelles qui n'allaient pas tarder à arriver de Rome et qui porteraient sa signature ne contiendraient pas que des éléments positifs. Et que le jeune archevêque de Munich célébré qui suscitait la sympathie se transformerait bientôt en « chien de garde » du pape.

*

Saint Père, le 25 novembre 1981 vous avez été élu préfet de la Congrégation pour la Doctrine de la foi, devenant ainsi, avec le pape, le principal garant de la foi de l'Église catholique. Vous prenez vos fonctions à Rome le

---

* Groupement de plusieurs chaînes de télévision régionales allemandes (N.d.T.).

1ᵉʳ mars 1982. Il paraît que vous avez tenu vos premières grandes réunions en latin.

Je ne savais pas encore l'italien. Je l'ai appris sur le tas. C'était évidemment un handicap pour moi. En tout état de cause, je n'aurais pas pu diriger ces réunions en italien, alors je l'ai fait en latin.

Dans l'espoir d'être compris.

À l'époque, tous savaient encore le latin, ce n'était pas un problème.

Comment s'est passée votre première entrevue avec Jean-Paul II au Vatican ? Avez-vous discuté de l'orientation de fond du pontificat et plus particulièrement des tâches qui vous incombaient ?

Non. J'avais droit à une audience hebdomadaire. Cela nous laissait le temps d'échanger. Nous ne nous livrions pas à des réflexions de principe. Ce qu'avait à faire un préfet était parfaitement clair, après tout.

On connaît mieux ce grand homme, avez-vous dit un jour, quand on concélèbre avec lui la sainte messe que quand on analyse ses ouvrages. Que vouliez-vous dire ?

Quand on concélèbre avec lui, on sent sa proximité intérieure avec le Seigneur, la profondeur de la foi dans laquelle il baigne, et on le découvre vraiment sous les traits d'un homme qui croit, qui prie, et qui est en même temps marqué par l'esprit. Plus que lorsqu'on lit ses livres, qui donnent aussi une image de lui, bien sûr, mais ne font pas voir toute sa personnalité.

*Vous aviez des tempéraments extrêmement diffé-
rents. Pourquoi vous entendiez-vous si bien ? À moins
que cette différence n'ai été la cause de votre si bonne
entente ?*

Peut-être que oui. C'était un homme sociable, qui
recherchait la vie et le mouvement, les rencontres.
Alors que moi, j'ai besoin de plus de silence, etc. Mais
en raison même de nos différences, nous nous complé-
tions très bien.

*Sans doute était-ce aussi parce que vous vous appréciiez
mutuellement ?*
Oui.

Parce que vous aviez des atomes crochus ?
C'est exact.

Et que vous étiez animés par la même foi ?
Effectivement.

Voilà qui rend les choses belles et simples.
En effet. Parce qu'on sait toujours qu'on a des aspi-
rations communes.

*Entreteniez-vous également des contacts privés ? Faisiez-
vous des excursions ensemble, des repas, des promenades ?*
Des repas, oui, mais toujours en petit groupe. Des
promenades en fait, non.

Et pas de ski.
(Il rit.) Non, je n'en fais pas, malheureusement.

197

Vous vous tutoyiez ?

Non.

En qualité d'archevêque de Munich ou de préfet à Rome, avez-vous accompli des missions en Pologne ? Pour soutenir le mouvement d'opposition Solidarnosc ?

Non.

Vous avez pourtant fait plusieurs voyages en Pologne durant cette période.

C'est vrai. Mais ne croyez pas que j'aie... La relation était directe.

Vous aviez été placé sous surveillance par la Sécurité de l'État de la RDA. Il y a un dossier vous concernant.

Oui. Mais il n'y avait rien à en tirer.

Avez-vous accompagné activement l'« Ostpolitik » du pape ?

Nous en avons parlé. Il était évident que malgré toutes ses bonnes intentions, la politique de Casaroli* avait fondamentalement échoué. La nouvelle ligne de Jean-Paul II s'inspirait de sa propre expérience vivante, de son contact personnel avec ces puissances et ces forces. Évidemment personne ne pouvait alors espérer que le régime allait bientôt s'effondrer. Mais il était clair qu'au lieu de chercher à l'amadouer par des compromis

---

* Le cardinal Agostino Casaroli, considéré comme l'architecte de la politique vaticane à l'égard des pays de l'Est sous Jean XXIII et Paul VI a été cardinal secrétaire d'État sous Karol Wojtyła entre 1979 et 1990 (N.d.A.).

il fallait lui tenir tête énergiquement. C'était le point de vue de Jean-Paul II et je l'approuvais.

Il vous est également arrivé de vous disputer.
Non.

Mais vous avez eu des différends. Par exemple, la rencontre d'Assise, cette journée mondiale de la prière rassemblant le pape et des représentants de toutes les religions du monde, ne vous séduisait pas beaucoup.

C'est vrai. Mais nous ne nous sommes pas disputés, parce que je savais que ses intentions étaient bonnes et qu'à l'inverse il savait que ma position était légèrement différente de la sienne. Avant la deuxième rencontre d'Assise, il m'a fait savoir qu'il aimerait beaucoup que j'y aille, ce que j'ai fait. Elle était d'ailleurs mieux structurée que la première. On avait tenu compte de mes objections, et elle avait pris une forme à laquelle je pouvais parfaitement adhérer.

Il paraît que lorsque des questions complexes se posaient, Jean-Paul II lançait : « Qu'en dira le cardinal Ratzinger ? » Au début de notre premier livre, Le Sel de la terre, *je vous avais demandé : « Le pape a-t-il peur de vous ? »*

Non. (Éclat de rire.) Mais il prenait notre position très au sérieux. Permettez-moi de vous raconter une petite anecdote. Un jour, un nonce a demandé à Pie XII si, en présence d'un problème particulier, il devait agir comme il pensait, même si cela ne correspondait pas parfaitement aux règles. Le pape a réfléchi un instant avant de répondre : « Oui. Mais si vous avez le Saint-Office aux trousses, je ne pourrai pas vous protéger. » (Il rit.)

Une de vos publications les plus remarquées lorsque vous étiez préfet a été la déclaration Dominus Iesus. *Elle traite de l'unicité de l'Église catholique, ce qui a suscité des critiques virulentes. On se demande aujourd'hui encore si vous avez rédigé ce document vous-même.*

C'est très délibérément que je n'ai jamais rédigé moi-même les documents de l'Office, afin qu'on ne puisse pas penser que je cherchais à diffuser et à imposer ainsi ma théologie personnelle. Il devait s'agir d'un produit organique, issu des différents organes compétents. J'y apportais ma contribution, bien sûr, il m'est arrivé de les remanier dans un esprit critique, par exemple. Mais je n'ai écrit moi-même aucun de ces documents, pas plus *Dominus Iesus* que les autres.

À l'époque, certains pensaient que le pape lui-même était hostile à ce texte.

Ce qui n'était pas exact. Il m'a appelé un jour et m'a dit : « Je vais en parler dans un angélus et faire clairement savoir que notre identité de vues est entière. Je vous prie donc d'écrire vous-même le texte de l'angélus, afin qu'il ne puisse y avoir aucun doute sur le fait que le pape est totalement d'accord avec vous. » Je lui ai donc rédigé un texte. Et puis j'ai eu des scrupules. Je ne peux tout de même pas m'exprimer aussi crûment, c'est impossible. Le contenu était direct, mais la forme était élégante. Il m'a demandé : « C'est du béton ? Vous en êtes sûr ? — Oui, oui. » Or ce n'était pas le cas. En raison de cette forme plus élégante, tout le monde a dit : « Ah ! le pape a lui aussi pris ses distances avec le cardinal. »

Et qu'en est-il de la grande repentance en l'an 2000, par laquelle l'Église catholique a présenté ses excuses pour ses manquements et ses fautes historiques ? Vous y êtes-vous opposé, comme on peut le lire bien souvent ?

Non. J'étais présent. Sans doute peut-on se demander si ces nombreuses repentances sont réellement judicieuses. Mais que l'Église, sur le modèle des Psaumes et du Livre de Baruch par exemple, reconnaisse les fautes commises au fil des siècles, j'ai trouvé, moi aussi, que c'était une très bonne chose.

L'idée du catéchisme universel venait-elle de vous ?

Pas uniquement, mais en partie, oui. À l'époque, de plus en plus de gens se posaient cette question : l'Église a-t-elle encore une doctrine commune ? En fait, on ne savait plus très bien ce que croyait réellement l'Église. Il y avait des courants très puissants, même chez de très braves gens, qui disaient : « On ne peut plus faire de catéchisme. » Pour moi, l'alternative était claire : soit nous avions encore quelque chose à dire et il fallait pouvoir l'exposer, soit nous n'avions plus rien à dire. J'ai donc pris fait et cause pour cette idée – convaincu que nous devions pouvoir, aujourd'hui encore, dire ce que l'Église croit et enseigne.

Fides et ratio, « Foi et raison », l'encyclique de 1998 – quelle part du cardinal Ratzinger contient-elle ? Rien du tout ou un petit peu ?

Un peu. Quelques idées, mettons.

Avez-vous une anecdote préférée à propos de Jean-Paul II et vous ?

Quand le pape est venu à Munich dans le cadre de son premier voyage en Allemagne, j'ai constaté qu'il avait un emploi du temps monstrueux, qu'il était sur la brèche sans interruption de l'aube jusqu'à une heure avancée de la soirée. Je me suis dit : c'est impossible. Il faut lui ménager un peu de repos. J'avais alors imposé une large pause de midi. Nous occupions un bel appartement au palais. Il venait de monter quand il m'a appelé pour me demander de le rejoindre rapidement. Quand je suis arrivé, je l'ai trouvé en train de lire son bréviaire. « Saint Père, ai-je dit, il faut vous reposer ! — J'aurai toute l'éternité pour me reposer », m'a-t-il répondu. Ça me paraît tout à fait typique de lui. J'aurai toute l'éternité pour me reposer. Dans le présent, il ne savait pas s'arrêter.

On pourrait peut-être en dire autant de vous. En tout cas, quand j'ai eu l'occasion de vous interviewer pour la première fois en novembre 1992, vous avez reconnu en toute franchise être épuisé, fatigué, et avoir envie en réalité de renoncer à vos fonctions. De laisser la place à des forces nouvelles.

J'avais eu une hémorragie cérébrale en 1991, et j'en ressentais encore fortement le contrecoup en 1992. Les années de 1991 à 1993 ont été un peu pénibles, je dois l'avouer ; tant sur le plan des forces physiques que sur celui des forces psychologiques. Et puis, voilà, je me suis requinqué.

Comme si souvent. Quand avez-vous demandé pour la première fois à être autorisé à renoncer à vos fonctions ?

Laissez-moi réfléchir. En 1986, à la fin du premier quinquennat, j'ai fait savoir au pape que j'avais fait mon temps. Mais il m'a alors répondu que c'était impossible. Je lui ai représenté cette requête de façon pressante en 1991. J'avais eu, comme je l'ai dit, une hémorragie cérébrale et j'étais vraiment en mauvais état. Je lui ai dit : « Cette fois, je n'en peux plus. » La réponse a été : « Non. »

Et la troisième fois ?

Je n'ai pas même eu le temps de lui exposer ma demande qu'il me disait déjà : « Inutile de m'écrire, inutile de me dire que vous voulez renoncer, je ne vous écouterai pas. Vous resterez aussi longtemps que je serai là. »

Votre attaque de septembre 1991 – vous avez passé plus de deux semaines à l'hôpital Pie-XI de Rome. Que vous est-il arrivé exactement ?

Une hémorragie cérébrale qui a eu pour effet de réduire mon champ visuel gauche. Je voyais encore, mais seulement de face, plus latéralement, sur le côté. Outre mon épuisement général, ça a été le seul effet. Mais c'est déjà suffisamment pénible, évidemment.

En avez-vous gardé des séquelles ?

J'ai un peu récupéré mon champ visuel gauche, très lentement. Mais un jour, je crois que c'était en 1994, il s'y est ajouté une sorte d'embolie, qui s'est diffusée dans tout l'œil. J'étais à Maria Eck* et n'ai pu consulter l'ophtalmologiste que le lendemain. Il était trop tard, et ma vision était déjà gravement altérée. J'ai suivi un long traitement et voilà qu'en troisième lieu s'est ajoutée la *macula***, si bien que maintenant, je suis tout bonnement aveugle de l'œil gauche.

Complètement ?

Oui. Je ne distingue même pas les différences de luminosité.

---

* Monastère franciscain situé à Siegsdorf en Bavière (N.d.T.).
** *Macula lutea*, ou « tache jaune », une dégénérescence de la rétine (N.d.A.).

Au Vatican, vous n'avez jamais appartenu à aucune coterie. Vous avez toujours eu horreur des magouilles. Cette distance à l'égard de l'appareil ne vous a-t-elle pas valu de nombreux ennemis ?

Je ne pense pas. J'ai aussi eu des amis. Tout le monde savait que je ne faisais pas de politique, ce qui coupe court à l'hostilité. Les gens savent que ce type-là n'est pas dangereux.

En tant que garant de la foi, vous avez marqué de votre empreinte le pontificat de Jean-Paul II comme nul autre, pendant un quart de siècle. Réciproquement, quel rôle a joué Wojtyła dans l'évolution de Ratzinger ?

J'ai appris à penser avec une plus grande largeur de vues, dans le dialogue entre les religions notamment. Nous avons eu des échanges particulièrement suivis lors de la préparation de l'encyclique sur la morale et le catéchisme. Sa vision plus ample et sa conception plus philosophique ont indéniablement élargi mon horizon personnel.

Qui a décidé de vous confier la rédaction du texte du chemin de croix au Colisée, le vendredi saint de 2005, dans lequel vous parlez des nombreuses souillures dans l'Église et de la trahison du Christ ? Était-ce l'idée du pape ?

C'était son idée oui. C'est le pape lui-même qui l'a voulu.

S'est-il exprimé sur votre texte ?

Non, il n'a plus pu le faire, il était déjà trop malade et trop fatigué.

Des millions de personnes ont gardé le souvenir de ses obsèques, qu'ils en aient vu les images retransmises à la télévision dans le monde entier, ou sur place, sur la place Saint-Pierre, où se sont massés entre trois et cinq millions de spectateurs. Le cercueil de bois très simple, le vent qui tournait les pages de l'Évangile posé dessus, l'émouvante cérémonie que vous avez dirigée. Qu'éprouviez-vous ? Quelles pensées s'agitaient en vous ?

Cette mort m'a évidemment profondément ému, car nous avions été très proches. Il a été pour moi une figure déterminante. J'ai également assisté à son long chemin de croix et je savais, quand je venais le voir à l'hôpital Gemelli, que cela ne pourrait plus durer longtemps. On est évidemment touché au fond du cœur quand un tel être disparaît. En même temps, j'avais la conscience qu'il était là. Qu'il nous bénissait depuis sa fenêtre céleste, comme je l'ai dit d'ailleurs sur la place Saint-Pierre. Ce n'était pas une formule. C'était réellement l'expression de la conscience très intime qu'aujourd'hui encore il nous bénit, qu'il est là et que cette amitié se poursuit différemment.

TROISIÈME PARTIE

LE PAPE DE JÉSUS

Et soudain pontife

Le 19 avril 2005, quand Joseph Ratzinger, le 264ᵉ successeur de saint Pierre, est apparu devant les croyants à la loggia de la basilique Saint-Pierre, on aurait presque pu le prendre pour un adolescent. Après les longues souffrances de son prédécesseur, on avait perdu l'habitude de voir un pape qui ne soit *pas* en fauteuil roulant. Un pape capable de prononcer ses textes aisément et jusqu'au bout. On n'aurait su au demeurant imaginer papes plus différents que lors de ce passage de témoin. L'un mystique et profondément attaché à Marie. L'autre érudit et tout dévoué à Jésus. Ici, un acteur, un homme de symboles qui recherchait le feu des projecteurs. Là, l'humble « ouvrier des vignes du Seigneur », l'homme du Verbe désireux de renoncer aux effets. Sa mission première, a affirmé le nouveau pape, était de préserver la Parole de Dieu « dans sa grandeur et sa pureté » – « contre toutes les tentatives d'adaptation et d'appauvrissement ». À ses yeux, la réforme était avant tout une question de purification intérieure de l'Église.

*

Saint Père, de quoi rêviez-vous en réalité quand vous avez cru, après la mort de Jean-Paul II, que vous aviez enfin fini de servir ?

Je me suis dit que maintenant j'allais enfin pouvoir écrire des livres en paix.

Cela vous paraissait réaliste ?

Tout à fait.

Tout au début du conclave, vous avez prononcé une homélie mettant en garde contre la « dictature du relativisme » qui, disiez-vous, n'admettait pour ultime critère que l'individu et ses désirs. Dans cette situation, l'Église devait proclamer la vérité de la foi, contre toutes les idéologies et tous les phénomènes de mode. La pensée de nombreux chrétiens ne cessait d'être ébranlée par les vagues de l'esprit du temps et d'être ballottée d'un extrême à l'autre. En ces temps, tous ceux qui possédaient une « foi claire », conforme au Credo de l'Église, se voyaient bien souvent soupçonnés d'intégrisme. Mais les prêtres, affirmiez-vous, devaient continuer à être animés de la « sainte inquiétude » pour apporter aux hommes le don de la foi, autrement dit « le Verbe qui ouvre l'âme à la joie de Dieu » et, enfin, l'enracinement « dans l'amitié avec le Christ ». Les ecclésiastiques et les croyants rassemblés sur la place Saint-Pierre ont réagi par un tonnerre d'applaudissements. Beaucoup de gens ont vu dans ce discours sur le relativisme un discours de candidature.

Ce n'était absolument pas le cas. En qualité de doyen des cardinaux, j'étais chargé de prononcer l'homélie à l'office des cardinaux. Et, dans l'esprit de la lecture du jour, je me suis contenté d'interpréter l'Épître aux Éphésiens. Il y est dit qu'il ne faut pas se laisser ballotter par les vagues du temps, ce genre de choses. Voilà d'où cela venait. Le thème était contenu dans l'Évangile.

Il s'agissait déjà de votre troisième conclave. A-t-il été différent des précédents ?

210

Oui. Aux deux premiers, je faisais encore partie des cardinaux les plus jeunes et les moins connus, un simple soldat si vous voulez, et je bénéficiais donc d'une situation très protégée. Cette fois, j'étais doyen des cardinaux. Le doyen est chargé d'enterrer le pape, de diriger les préparatifs et également d'exercer une responsabilité lors du conclave lui-même. À la fin, c'est lui qui demande à l'élu s'il accepte. Après avoir passé vingt bonnes années à Rome, je n'étais plus un débutant, ma position avait évidemment changé. Par ailleurs, j'avais alors soixante-dix-huit ans, ce qui était plutôt rassurant. Si les évêques renoncent à leurs fonctions à soixante-quinze ans, on ne peut certainement pas faire monter un homme de soixante-dix-huit ans sur le trône de saint Pierre.

Cela n'aurait pas été la première fois.

Sans doute, mais autrefois, ce seuil des soixante-quinze ans n'existait pas. Je pensais que si la règle voulait qu'un évêque renonce à ses activités à soixante-quinze ans, il était impossible de faire débuter l'évêque de Rome à soixante-dix-huit ans.

On a tout de même du mal à croire que vous vous soyez rendu au conclave sans imaginer un seul instant que vous pouviez être élu.

Bien sûr, beaucoup m'en avaient parlé auparavant. Mais franchement, je n'arrivais pas à les prendre au sérieux. Je me suis dit que c'était absurde, déraisonnable. Je n'en ai donc été que plus touché ensuite.

Y a-t-il eu une minute durant laquelle vous vous êtes demandé si vous deviez réellement accepter cette élection ?

Oui, bien sûr. Tout le temps, en réalité. Mais je savais que je ne pouvais tout simplement pas refuser.

Quand aviez-vous réfléchi à un nom de pape ?
Durant les journées de l'élection.

Les journées de l'élection ?
Ou n'y a-t-il eu qu'un jour ?

Il y a eu deux jours, le lundi et le mardi.
Eh bien oui, durant les journées de l'élection. J'espérais encore que cela ne se ferait pas. Mais dès le premier jour, il s'est révélé que cela risquait de tomber sur moi. Et il m'est venu à l'esprit que le lien avec le pape Benoît XV – et par son intermédiaire avec saint Benoît lui-même – était pertinent.

Pourquoi n'avez-vous pas choisi de vous appeler Jean-Paul III ?
J'aurais trouvé cela inconvenant. Je n'aurais pas pu satisfaire au critère qu'il avait établi. Je ne pouvais pas être un Jean-Paul III. J'étais un autre individu, d'une autre envergure, avec un autre genre de charisme ou d'absence de charisme.

Vous devenez soudain le représentant du Christ sur terre. Quelle transformation cela entraîne-t-il en soi ?
Maintenant, j'ai plus que jamais besoin de Son aide, voilà ce que je me suis dit. Je savais que je n'étais pas vraiment l'homme qu'il fallait. Mais s'Il m'imposait ce fardeau, il fallait aussi qu'Il m'aide à l'assumer.

Vous avez parlé d'un « couperet » qui se serait abattu sur vous avec le vote des cardinaux. Avez-vous regretté cette formule par la suite ?

Non. C'était vraiment le sentiment que j'ai éprouvé, la guillotine.

Aviez-vous un pape modèle ? Paul VI peut-être ?

Je ne dirais pas cela. Pour moi, en un sens, tous les papes du XXe siècle ont été des modèles, chacun à sa manière. Je savais que je ne pouvais ressembler à aucun d'eux mais qu'en même temps chacun avait quelque chose à me dire.

Au cours de vos premières journées dans ces nouvelles fonctions, qu'est-ce qui vous a particulièrement marqué ?

Les premiers jours ? D'une part, un déjeuner à Sainte-Marthe, l'hôtel du Vatican, avec mon frère et toute la famille, mes amis. C'était très beau, très émouvant. Puis la première visite que j'ai reçue, celle de Cyrille*, qui était encore responsable du département des Relations extérieures du Patriarcat de Russie. Nous avons eu un très bel entretien. Il avait quelque chose d'un paysan russe, ce qui m'a plu. Nous nous sommes bien entendus. Et puis je me souviens de la nuit qui a précédé la messe d'intronisation. Je me suis réveillé à deux heures du matin et je me suis dit : si je n'arrive pas à me rendormir, ça n'ira jamais. Je me suis rendormi à quatre heures (il rit).

De combien d'heures de sommeil avez-vous besoin ?

Beaucoup, sept, huit heures. Ensuite, les boutons de manchettes m'ont donné du fil à retordre. Ils m'ont

---

* Patriarche de l'Église orthodoxe russe depuis 2009 (N.d.A.).

tellement exaspéré que je me suis dit que leur inventeur devait avoir été envoyé tout au fond du purgatoire (il rit).

Vous n'aviez encore jamais porté de boutons de manchettes ?

Occasionnellement, si, mais pas en temps normal.

Il paraît que quand vous êtes devenu pape, vous avez immédiatement changé de tailleur parce que le précédent vous avait fait des vêtements trop courts.

Non, ce n'est pas exact. Dès le début, j'ai eu Euroklero mais j'ai aussi conservé Gamarelli. On ne peut pas se passer de Gamarelli.

Et la première visite de vos appartements ?

Ah ! nous avons commencé par visiter la tour. Il y a dans les jardins du Vatican une vieille tour fortifiée que le pape Jean* a fait transformer en tour d'habitation. Lorsque le palais apostolique a dû être rénové pour des raisons de statique, le pape Jean-Paul II y a également logé un moment. On m'a proposé de m'y installer dans un premier temps. Mais ça ne m'a pas plu. D'abord, je n'aime pas les pièces en demi-cercle. J'aime les vraies salles humaines normales. De plus, il y avait un vent si effroyable que j'ai dit non, je préfère rester à Sainte-Marthe jusqu'à mon installation au palais.

Vous avez fait rénover l'appartamento pontifical pour le rendre plus clair, plus accueillant ?

J'ai d'abord fait retirer les moquettes, je n'aime pas ça. Un sol est un sol, un tapis un tapis, c'est l'un ou l'autre.

---

* Jean XXIII (N.d.A.).

Et un peu plus accueillant, oui. Mais les travaux de peinture étaient de toute façon prévus, cela faisait longtemps qu'il n'y en avait pas eu. Ils n'ont été réalisés que pendant les vacances d'été.

Pour quelle raison exacte n'avez-vous jamais abandonné votre précédent logement ?

Ce n'était pas intentionnel. Je ne pouvais pas y renoncer immédiatement, parce que mon déménagement s'est fait à la va-vite. Je n'ai fait venir que mes livres, c'est presque tout. Toutes mes affaires y étaient donc restées, même une grande partie des livres. À un moment, je me suis dit qu'il fallait tout de même vider les lieux, mais où mettre tout ce qui s'y trouvait ? Alors on m'a dit : laissez donc les choses en l'état pour le moment.

Ce n'était donc pas une manière de vous ménager une possibilité de repli au cas où ?

Non. Il était parfaitement clair pour moi que je n'y retournerais pas. Car même si je renonçais à mes fonctions, il me serait impossible de loger dans un appartement normal.

Vous êtes un grand mélomane – écoutez-vous de la musique en travaillant ? Quand vous écrivez par exemple ?

Cela me dérangerait. Soit j'écoute de la musique, soit j'écris.

Aviez-vous besoin d'une atmosphère particulière ?

Quand je veux écrire ou réfléchir, il me faut simplement du silence. J'ai besoin d'être seul. Il faut que je puisse me concentrer dans le calme sur les livres, laisser mûrir ma pensée.

Juste une parenthèse : après votre renonciation, le train de vie de la maison pontificale a fait l'objet d'un débat. Le cardinal de Munich, Marx, a soudain remarqué que la « cour » vaticane était beaucoup trop fastueuse. Partagiez-vous cette impression ?

Non, pas du tout. Nous avons toujours vécu très simplement, ne serait-ce qu'en raison de mes origines. Je suis, si on peut dire, un « Hufschlagler* », ce qui m'empêche de vivre sur un grand pied. Je ne sais pas d'où le cardinal a tiré ça.

Quelqu'un vous a-t-il initié à vos fonctions ? Il va de soi qu'on ne peut pas apprendre à être pape.

(Il rit.) On peut évidemment s'informer auprès de ceux qui sont en place, le cardinal secrétaire d'État, le substitut, ou d'autres encore. Il est donc possible de se mettre progressivement au courant, sous une forme ou une autre.

Dans les premiers temps, vous aviez souvent les yeux cernés.

Vraiment ?

De toute évidence, vos nouvelles tâches vous imposaient beaucoup de travail et ne vous accordaient que peu de sommeil.

Je ne me suis jamais senti franchement mal, mais il est vrai qu'au début le fardeau est presque écrasant. Il faut d'abord s'habituer à exercer une telle fonction.

---

* Un habitant de Hufschlag, le lieu où a vécu Ratzinger pendant son enfance et son adolescence (N.d.A.).

Aspects du pontificat

Réussir une transition en douceur après un « pape du millé-naire » tel que Jean-Paul II a été considéré sitôt après l'élection du pape allemand comme un exploit. Au vu de l'enthousiasme suscité par le nouveau pape dans le monde entier, les com-mentateurs n'ont pas tardé à parler de la « fièvre Benedetto ». Jamais encore les audiences papales n'avaient attiré autant de monde. Les encycliques de Benoît XVI atteignent des tirages astronomiques. Ses discours font les gros titres de la presse internationale.

Son « véritable programme de gouvernement » était, déclare Benoît XVI le 24 avril 2005 lors de la messe d'inau-guration qu'il célèbre place Saint-Pierre, marquant le début du nouveau pontificat, de « ne pas faire [selon sa] volonté, ne pas poursuivre [ses] idées, mais, avec toute l'Église, de [se] mettre à l'écoute de la Parole et de la volonté du Seigneur, et de [se] laisser guider par lui ». Il a ensuite ajouté textuellement : « Nous ne sommes pas le produit fortuit et absurde de l'évo-lution. Chacun d'entre nous est le fruit d'une pensée de Dieu. Chacun est voulu, chacun est aimé, chacun est indispen-sable. »

*

Saint Père, quand et où avez-vous rédigé le texte de la grande homélie de votre messe d'inauguration ? Dans votre ancien appartement peut-être ?

Je ne sais plus très bien. Je pense que c'était à Sainte-Marthe.

Vous n'aviez pas déjà réfléchi à…

Il ne faut pas non, il faut se fier à l'inspiration du moment.

Le premier discours, ou le premier sermon, d'un nouveau pape est reçu par le public comme l'exposé d'un programme. L'avez-vous également considéré ainsi ?

J'avais conscience qu'il serait perçu ainsi, et avec l'aide de Dieu, j'ai rédigé un texte.

Pendant plus de vingt ans, vous aviez été le plus proche collaborateur d'un pape et pendant la moitié de votre vie, vous vous êtes consacré théologiquement à la primauté de Pierre. Aviez-vous décidé ce que vous ne vouliez surtout pas faire en tant que pape ?

J'avais avant tout pris la résolution positive d'accorder une place centrale au thème de Dieu et de la foi. Pour moi, il était également essentiel de placer les Saintes Écritures au premier plan. Après tout, je venais de la théologie et je savais que ma force, si j'en avais une, était d'annoncer positivement la foi. Je voulais donc, avant toute autre chose, donner un enseignement issu de la plénitude des Saintes Écritures et de la tradition.

J'y reviens : ce qui compte, ce ne sont pas seulement les choses que l'on fait ; il arrive que ce que l'on ne fait pas soit encore plus important.

Que dire ? Je savais que ce ne serait pas un long pontificat. Que je ne pourrais pas réaliser de projets à long terme, d'actions spectaculaires. Que, surtout, il n'était pas question par exemple de convoquer un nouveau Concile ; en revanche, je voulais et pouvais renforcer d'autant plus l'élément synodal.

Le fait que le successeur du pêcheur Pierre soit professeur ne pose-t-il pas un problème ? Quand il a choisi les douze apôtres, Jésus n'a fait appel à aucun intellectuel.

C'est vrai, mais il y a toujours eu des papes qui étaient des érudits, à commencer par Léon le Grand, Grégoire le Grand, deux esprits remarquables, et puis Innocent III et d'autres encore. Cela n'a donc rien d'inhabituel. Un pape n'est évidemment pas obligé d'être un érudit en théologie, absolument pas. Mais il doit avoir une formation spirituelle. Il doit connaître les courants actuels, les questions, les missions. Si un professeur n'est pas forcément, et de loin, la personne idéale pour occuper un siège d'évêque ou de pape, ce n'est pas non plus inconcevable. Sans doute peut-on reprocher à un professeur – on ne le remarque qu'après coup – de considérer l'existence d'un point de vue trop théorique ; c'est un risque, effectivement. Mais peu à peu, les hommes eux-mêmes lui apprennent à élargir un peu ses perspectives.

À en croire le cardinal Kurt Koch, le pape Benoît a été obligé d'assumer et d'affronter de nombreux problèmes présents avant lui, une sorte de passif. Voyez-vous aussi les choses sous cet angle ?

Certainement, cela arrive forcément. Il reste toujours des problèmes dans l'Église, surtout à notre époque, à la suite des grands bouleversements de l'après-Concile, tout ce désarroi dû au fait qu'on n'a pas vraiment su comment interpréter le Concile. Dans l'ensemble, la situation de notre société impose au christianisme de trouver une nouvelle orientation, une nouvelle définition, de nouvelles réalisations. Les problèmes étaient donc toujours là, et ils le seront toujours.

Le cardinal Koch songeait plus particulièrement aux problèmes qui n'avaient pas été réglés sous Jean-Paul II, qui étaient restés en suspens.

Il y en avait évidemment quelques-uns. Je dirais cependant que ce que le pape pouvait régler, il l'avait réglé. De nouveaux problèmes surgissent constamment. Et il y en a certains qu'on ne règle jamais entièrement.

Vous étiez parti de l'idée, vous l'avez dit, que vous ne resteriez pas en fonction pendant de longues années, ne fût-ce qu'en raison de votre âge. Cette conscience a influencé votre pontificat. Avez-vous eu tort de vous mettre dans de telles dispositions ? Vous auriez pu, comme le fait le pape François, annoncer une réforme et au moins convoquer les Commissions appropriées.

Chacun possède un charisme différent. François est un homme de la réforme pratique. Il a longtemps été archevêque, il connaît le métier, il avait été auparavant supérieur chez les Jésuites et il a le courage de se lancer dans des tâches d'organisation. Je savais que ce n'était pas mon fort. Et que ce n'était pas indispensable. En effet, Jean-Paul II avait entrepris la réforme de la Curie, *Pastor Bonus*. Il ne m'aurait pas paru judicieux de tout remettre sens dessus dessous. Il est vrai que je n'ai pas pu engager de grands projets à long terme en matière d'organisation. Mais j'étais aussi d'avis que le moment n'était pas venu.

L'ancien nonce Karl Josef Rauber, qui vous connaît depuis le Concile, dit de vous : « Joseph Ratzinger est un intellectuel d'une intégrité absolue, mais en réalité, il n'y a que la recherche et l'écriture qui l'intéressent. »

(Il rit.) Non, ce n'est évidemment pas vrai. Ce serait impossible. On est bien obligé d'accomplir de nombreuses tâches pratiques, et d'ailleurs, elles vous procurent de la joie. Visiter les paroisses, discuter avec les gens, faire la catéchèse, faire des rencontres de toutes sortes. Les visites des paroisses notamment, elles apportent une grande joie. De toute façon, je n'ai jamais été uniquement professeur. Un prêtre ne peut pas être que professeur. S'il l'était, ce serait un échec. La mission sacerdotale comprend toujours un peu de travail pastoral, dont font partie la liturgie, les entretiens. Peut-être ai-je trop réfléchi et trop écrit, c'est possible. Il ne serait pourtant pas exact de prétendre que je n'ai fait que cela.

Vous avez raison. Vous avez en effet commencé par un coup d'éclat : vous avez été le premier pape depuis l'époque moderne à remplacer la majestueuse tiare figurant sur le blason pontifical par une simple mitre. Cette décision a-t-elle provoqué des résistances au sein du collège des cardinaux ?

Je n'en ai pas entendu parler. En tout cas, personne ne s'y est opposé directement. Il était d'ailleurs grand temps. En effet, puisqu'on ne portait plus la tiare, il était normal de la remplacer sur le blason.

Le nouveau pontificat commence fort sous d'autres aspects également. Pour la première fois, le synode est le cadre d'un dialogue, pour la première fois, des délégués d'autres confessions sont invités. Vous mettez en place des

221

réunions régulières avec tous les chefs de dicastères et rédui-
sez les audiences, les voyages, les célébrations liturgiques et les
canonisations. Vous rompez également avec l'habitude de
votre prédécesseur qui recevait des invités à la messe du
matin et conviait régulièrement des visiteurs à déjeuner.

On peut évidemment m'en faire le reproche, mais je
dois avouer que je n'aurais pas pu agir autrement. Le
matin, il me faut du silence et du recueillement pour
dire la sainte messe. Je ne suis pas capable de me lancer
immédiatement dans la nouvelle journée en rencontrant
des gens. J'ai besoin de pouvoir célébrer la messe en petit
comité, et ensuite de pouvoir prier. Cela n'exclut pas
que des gens puissent assister à la messe. Mais tous les
jours de nouveaux visages, de nouvelles rencontres, dans
des langues différentes en plus, je n'aurais pas pu le supporter. De même, après les rencontres de la journée, j'ai
besoin de prendre mes repas dans le calme. Je n'aurais
pas pu recommencer à faire la conversation, voilà tout.

Un autre changement a eu lieu avec la nomination de
Guido Marini comme cérémoniaire à la place de Piero
Marini. On y a vu une volonté de votre part de donner une
forme différente aux célébrations liturgiques pontificales.

Non, c'était et c'est toujours un homme remarquable.
Il est sans doute plus progressiste que moi en matière
de liturgie, mais ça n'a aucune importance. Il estimait,
lui aussi, qu'il était temps qu'il renonce à cette fonction.
C'est ainsi qu'un deuxième Marini a succédé au premier.

Vous avez également adopté une férule différente de
celle de votre prédécesseur, vous avez repris la mosette
rouge au lieu de la soutane blanche toute simple, vous pra-
tiquez la communion dans la bouche. Toutes ces mesures

représentaient, selon les critiques, « un retour à des rites liturgiques du passé ». Était-ce le cas ?

Non. Je me réjouis de la réforme conciliaire dans les domaines où elle a été adoptée sincèrement et correctement, et sans être dénaturée. Cependant, on a aussi assisté à beaucoup d'extravagances et de destructions auxquelles il fallait mettre fin. Les liturgies de Saint-Pierre ont toujours été satisfaisantes et nous avons cherché à les poursuivre. La communion dans la bouche n'est pas imposée, j'ai toujours pratiqué les deux. Mais avec tous ces gens rassemblés sur la place Saint-Pierre qui risquaient de mal comprendre ce qui se passait et par exemple de fourrer l'hostie dans leur poche, ce signe m'a paru tout à fait juste. De là à penser que ce geste relève d'une volonté de restauration du passé ? Je dois dire que ces catégories d'ancien et de nouveau n'ont pas leur place en matière de liturgie. Les Églises d'Orient parlent de « Divine Liturgie », qui n'est pas de notre fait mais nous est offerte. J. A. Jungmann a forgé l'expression de « liturgie advenue* » pour qualifier la liturgie occidentale. Il désigne ainsi l'assez forte conscience historique de l'Occident, pour qui la liturgie croît, mature, décline et se renouvelle, mais porte aussi en elle la continuité de ce qui vient du Seigneur et de la tradition apostolique. C'est de ce point de vue que j'ai célébré la liturgie.

Allait-il de soi qu'Angelo Sodano ne restât pas cardinal secrétaire d'État ?

Il avait le même âge que moi. Si le pape est âgé parce qu'il a été élu âgé, il faut au moins que le secrétaire d'État

---

* Référence au titre d'un de ses ouvrages, paru en 1941, *Gewordene Liturgie* (N.d.T.).

soit en pleine forme. Il estimait lui-même que le régime des évêques devait s'appliquer au secrétaire d'État. Et que si les évêques doivent renoncer à leurs fonctions à soixante-quinze ou soixante-dix-sept ans, il est normal que le secrétaire d'État se retire avant quatre-vingts ans au plus tard.

Votre première grande apparition internationale s'est passée aux Journées mondiales de la jeunesse, à Cologne, devant un million de participants. On a pu voir le nouveau pape rire et chanter main dans la main avec des jeunes de tous les continents. Avez-vous été surpris vous-même par votre style, votre nouveau rayonnement ?

À certains égards, oui. Mais je dois dire que quand j'étais vicaire, j'avais pris grand plaisir à travailler avec des jeunes. Et quand on est professeur, on ne se contente pas de faire cours, on s'occupe concrètement de jeunes gens. La compagnie de la jeunesse ne m'était donc pas étrangère. Les Journées mondiales de la jeunesse sont vraiment l'un des meilleurs souvenirs de l'ensemble de mon pontificat. Cologne, Sydney, Madrid, ce sont trois jalons de ma vie que je n'oublierai jamais. J'étais tellement heureux d'être là, d'être accepté et de pouvoir aider les autres.

Tous les critiques ont été réduits au silence. Pendant les quatre premières années de votre pontificat, le pape bavarois a fait l'objet de transports d'enthousiasme. Le fameux « discours de Ratisbonne », avec l'émoi qu'il a suscité, représente une première coupure. Dans votre allocution à l'université de Ratisbonne, vous citez une remarque sur le rôle de la violence dans l'islam qu'avait faite l'empereur byzantin Manuel II Paléologue dans un entretien avec un érudit persan. Sortie de son contexte, cette citation[6] a provoqué les véhémentes protestations de musulmans dans le monde entier. Nous en avons abondamment parlé dans Lumière du monde. *Une dernière question sur cette affaire : avez-vous découvert cette citation par hasard ?*

J'avais lu ce dialogue de Paléologue, parce que le dialogue entre islam et christianisme m'intéressait. Ce n'était donc pas un hasard. Il s'agissait d'un vrai dialogue. L'empereur ici cité se trouvait déjà sous le joug des musulmans – et pourtant, il jouissait d'une liberté de parole dont on chercherait vainement l'équivalent aujourd'hui. Il m'a donc paru intéressant de discuter de cet extrait d'un dialogue vieux de plus de cinq cents ans. Comme je l'ai déjà dit, je n'avais pas correctement évalué la portée politique de cet incident.

Je souhaiterais élucider un dernier point : le vaticaniste Marco Politi a écrit que le cardinal Sodano avait attiré votre attention sur le caractère explosif de ce texte avant même votre départ pour la Bavière. Vous auriez fait fi de ses réserves. Est-ce exact ?

Non. Personne ne m'en a rien dit.

Politi conclut donc faussement que le « scandale de Ratisbonne » ne devait rien au hasard. Vous auriez cherché à accomplir une volte-face par rapport à la politique de Wojtyła sur la question du dialogue avec les musulmans. Il en veut pour preuve que, dès la messe d'inauguration, vous auriez intentionnellement évité de mentionner les musulmans.

Ce n'est pas vrai. Je ne comprends pas de quoi il parle.

Autrement dit, cette omission n'est pas plus conforme à la vérité que votre volonté de revirement par rapport à la politique de votre prédécesseur ?

Non. En aucun cas.

Après que, par le motu proprio Summorum Pontificum, *vous avez autorisé un plus large recours à l'ancienne messe en latin, un débat a vu le jour sur la prière d'intercession pour la conversion des juifs prononcée le vendredi saint. En février 2008, vous avez fait remplacer ce texte par une nouvelle formulation. Cette querelle n'aurait-elle pas pu être évitée ?*

C'est un méfait qui a été monté de toutes pièces par ceux qui, en Allemagne, ne sont pas mes amis, des théologiens. Voilà de quoi il retourne : nous connaissons la nouvelle prière du vendredi saint, et elle a été acceptée par tous[7]. Entre-temps, sous Jean-Paul II déjà, nous avions admis dans l'Église certains groupes pratiquant des liturgies anciennes, par exemple la Fraternité sacerdotale Saint-Pierre. Il existait donc déjà de nombreuses communautés religieuses, de nombreuses communautés de croyants qui célébraient l'ancienne liturgie – avec celle du vendredi saint, qui est absolument inacceptable en l'état. Je me suis étonné que l'on n'ait rien fait pour y remédier.

J'étais d'avis qu'on ne pouvait pas laisser les choses telles quelles, que les tenants de l'ancienne liturgie devaient changer sur ce point. Aussi fallait-il concevoir une forme de prière tout à la fois adaptée au style spirituel de l'ancienne liturgie, mais aussi compatible avec nos connaissances modernes sur le judaïsme et le christianisme. Cette nouvelle prière du vendredi saint consiste, comme toutes les autres prières du vendredi saint, en un orémus et la véritable prière. L'orémus reprend mot pour mot l'intercession du Livre d'heures. La prière elle-même est issue des textes des Écritures. Elle ne contient absolument rien qui puisse justifier les reproches qu'on remet sans cesse sur le tapis en Allemagne.

Encore aujourd'hui, je me réjouis d'avoir réussi à transformer cet élément de l'ancienne liturgie. Si, comme on continue de l'exiger, on retirait la nouvelle formulation de la prière, cela voudrait dire que l'on prierait à nouveau selon l'ancien texte, qui est inacceptable avec sa mention des « *perfidi Iudaei* ». Mais certaines personnes en Allemagne ont toujours cherché à m'abattre. Sachant que le plus facile était de passer par Israël, ils ont monté ce mensonge en prétendant que j'avais dit Dieu sait quoi. Je dois avouer que je trouve ça monstrueux. Jusque-là, on disait l'ancienne prière et je l'ai remplacée par un meilleur texte, pour ce cercle. Mais ils ne voulaient pas qu'on le comprenne.

Nous avons aussi longuement évoqué le scandale des abus sexuels dans Lumière du monde. *Vous avez réagi une nouvelle fois tout récemment en adressant une lettre ouverte à ceux qui vous accusaient d'avoir dissimulé certains éléments dans des affaires d'abus sexuels. Pourquoi avez-vous tenu à faire cette nouvelle mise au point ?*

Parce qu'il en va de la vérité et qu'il serait effroyable que ces calomnies soient vraies. Quand j'étais préfet de la Congrégation pour la Doctrine de la foi, j'ai réagi immédiatement chaque fois que j'ai été informé de ces affaires. La Congrégation pour le Clergé avait d'abord revendiqué la compétence. Quand j'ai constaté qu'elle n'adoptait pas la ligne rigoureuse qui était indispensable, j'ai fait appel à la Congrégation pour la Doctrine de la foi. J'avais conscience que c'était une lourde tâche, que nous serions critiqués, mais aussi que nous disposions des personnes les plus à même d'en venir à bout. En charger la Congrégation pour la Doctrine de la foi, c'était également montrer que l'Église accordait la plus haute priorité à cette tâche.

Dans votre prière du vendredi saint de 2005 que nous avons déjà mentionnée, vous avez parlé des souillures dans l'Église. Ce terme s'appliquait-il déjà aux cas d'abus sexuels ?

Ils y étaient inclus. Mais j'avais beaucoup de sujets à l'esprit. En tant que cardinal de la Congrégation pour la Doctrine de la foi, on apprend tant de choses, puisque c'est là qu'aboutissent tous les scandales, qu'il faut une âme bien trempée pour supporter tout cela. On sait que tout n'est pas propre dans l'Église, mais quand on est obligé, en tant que responsable de la Congrégation, d'absorber tout ça, c'est considérable. Aussi, par cette prière, j'ai simplement voulu demander au Seigneur lui-même de nous aider.

Beaucoup de gens estiment que Jean-Paul II ne s'est pas attaqué à ce problème avec suffisamment d'énergie.

Tout dépend toujours des informations dont on dispose. Lorsqu'il a été suffisamment informé et qu'il a constaté ce qui se passait, il était convaincu qu'il fallait prendre le problème à bras-le-corps. Le fait est que le droit canon ne permettait pas de sanctions sévères. J'ai suggéré que l'on adopte des amendements et le pape m'a immédiatement donné carte blanche. Nous avons mis en place des normes et des structures juridiques nouvelles. C'était le seul moyen de traiter cette affaire.

Votre prédécesseur avait appelé à une nouvelle évangélisation mais celle-ci n'a été véritablement mise sur les rails que sous votre pontificat, en particulier grâce à la création du Conseil pontifical pour la promotion de la nouvelle évangélisation. Il faudra cependant des siècles pour rechristianiser le continent européen, en admettant même que cela soit possible. Ne se berce-t-on pas d'illusions à ce sujet ?

Il ne faut pas renoncer à annoncer l'Évangile, tout simplement. Dans le monde gréco-romain, il paraissait complètement absurde qu'une poignée de Juifs partent de chez eux pour essayer de gagner au christianisme le vaste monde gréco-romain instruit et intelligent. On essuiera toujours de graves revers. Nous ne savons pas comment l'Europe se développera, ni dans quelle mesure elle restera toujours l'Europe si d'autres couches de population la restructurent. Mais indépendamment de toutes les prévisions de succès, il est absolument indispensable d'annoncer cette Parole qui porte en elle la force de construire l'avenir et de donner du sens à la vie des hommes. Les apôtres ne pouvaient pas mener d'enquêtes sociologiques, se demander si ça allait marcher ou non, ils ne pouvaient que se fier à la force intérieure de cette Parole. Au début, ils n'étaient qu'un très petit nombre de personnes, très humbles, qui se sont réunies. Ce mouvement a ensuite gagné de vastes cercles.

La Parole de l'Évangile peut évidemment disparaître de certains continents. Nous voyons bien que les continents chrétiens des débuts, l'Asie Mineure et l'Afrique du Nord, ont abandonné le christianisme. Elle peut également disparaître de régions où elle a été importante. Mais jamais on ne pourra cesser de la proclamer, jamais elle ne pourra devenir insignifiante.

À propos de la nouvelle autorisation de dire la messe selon le rite tridentin : cette initiative a été un peu timide. Cela tenait-il aux résistances à l'intérieur même de l'Église ?

Bien sûr. D'une part, il y a la crainte de ce qu'on pourrait appeler une restauration, d'autre part, précisément, certaines personnes comprennent mal cette réforme. Il ne faut pas croire qu'il existe désormais une autre messe. Ce sont deux manières de l'interpréter rituellement, qui s'inscrivent cependant dans un unique rite fondamental. J'ai toujours dit, et continue à dire qu'il était important de ne pas interdire brutalement et intégralement la dimension la plus sacrée de l'Église autrefois pour les hommes. Une société qui interdit ce qu'elle a longtemps considéré comme son noyau même, c'est impossible. La similitude interne de l'autre doit rester visible. Je n'ai donc pas répondu à des motifs tactiques ni Dieu sait quoi, j'ai cherché la réconciliation interne de l'Église avec elle-même.

Il n'est pas rare qu'on interprète cette nouvelle autorisation de l'ancienne messe avant tout comme une concession à l'égard de la Fraternité Saint-Pie-X.

C'est complètement faux ! Pour moi, il était essentiel que l'Église soit unie intérieurement, unie à son propre passé. Que ce qu'elle considérait autrefois comme sacré ne soit pas aujourd'hui tenu pour faux. Le rite doit évoluer. La réforme était donc opportune. En même temps, il ne faut pas que l'identité soit mise en miettes. Si la Fraternité Saint-Pie-X existe, c'est parce que certaines personnes ont l'impression que l'Église s'est reniée. C'est inadmissible. Mais comme je l'ai dit, mon intention n'était pas de nature tactique : c'était une question de fond. Évidemment, il va de soi qu'à l'instant où il voit s'amorcer une scission de l'Église le pape est tenu de faire tout son possible pour l'éviter. Notamment en cherchant à ramener ces gens, si possible, dans le giron de l'Église.

Lorsque vous étiez préfet, vous avez déploré l'appauvrissement et le mauvais usage de la liturgie. La liturgie est pourtant à vos yeux le pivot et la pierre angulaire de la foi, c'est d'elle que dépend l'avenir de l'Église. S'il en est ainsi, pourquoi s'est-il passé si peu de choses dans ce domaine ? Vous aviez les pleins pouvoirs pour agir.

Institutionnellement et juridiquement, on ne peut pas faire énormément de choses. Il faut plutôt développer une vision, que les gens découvrent de l'intérieur ce qu'est la liturgie, ce qu'elle signifie réellement. C'est bien pour cela que j'ai aussi écrit des livres. Malheureusement, certains groupes de prétendus spécialistes restent crispés sur leurs positions : en considérant que leurs théories ont une valeur absolue, ils passent à côté de l'essentiel. Il ne s'agit pas d'autoriser je ne sais quelles fantaisies privées, il faut que la liturgie de l'Église soit accomplie et célébrée de l'intérieur. Mais c'est une chose qui ne se commande pas.

On imagine que le pape a les pleins pouvoirs, qu'il peut faire acte d'autorité.

Non.

Ce n'est pas possible ?

Non, ça ne l'est pas !

En matière d'œcuménisme, votre pontificat a été marqué par de nombreuses avancées, dont beaucoup sont restées sans écho. Qu'est-ce qui vous a le plus déçu dans le domaine œcuménique ?

On ne peut pas dire que j'aie été déçu, tout simplement parce que je connais la réalité et que je sais ce que l'on peut attendre ou non concrètement. La situation qui règne entre les protestants et nous ou entre les orthodoxes et nous est très différente. De même, les obstacles à un rapprochement sont de nature différente. S'agissant des protestants, je dirais que le vrai problème est leur désunion interne. On ne discute jamais qu'avec une réalité partielle, à laquelle s'opposent d'autres réalités partielles. Eux-mêmes sont plongés dans une grave crise, comme chacun sait. On peut évidemment être déçu. Mais quand on connaît la réalité, on ne peut pas s'attendre à une unification de l'Église au sens propre du terme. Il faut se battre pour que l'écoute mutuelle et l'échange ne cessent pas. Pour que l'essentiel, c'est-à-dire la foi en Jésus-Christ, Fils de Dieu, ne disparaisse pas – et qu'à partir de là s'élaborent les directives fondamentales pour la pratique.

Au début en tout cas, vous parliez avec beaucoup d'espoir de signes concrets et visibles d'une réunification.

Par rapport au passé, nous avons accompli des progrès. D'un autre côté, l'Église protestante d'Allemagne est elle-même plongée dans une grave crise. Où va-t-elle ? Comment peut-on la moderniser ? Sur quels points faut-il tenir bon ? Les forces les plus antagonistes s'opposent sur ces questions. Certaines sont très proches de nous, tandis que d'autres s'éloignent considérablement.

Pour ce qui est des relations avec l'Église orthodoxe russe, on a eu un moment l'impression, pendant votre pontificat, qu'une rencontre entre le pape et le patriarche de Moscou était possible.

Oui. C'est vrai. Comme je l'ai déjà dit une sympathie mutuelle nous unit, ainsi qu'une connaissance partagée de l'essence du christianisme, la fidélité aux grands principes, moraux également, au mariage, à la famille, etc. Nous partageons beaucoup d'idées de fond. D'autant plus que l'exemple russe a bien montré ce qui se passe quand on renonce à tout cela. D'un autre côté, le poids de l'histoire et des institutions est tel, qu'il faut être très prudent sur ce que l'on peut concrètement espérer.

Mais il faut ici surtout évoquer l'évolution très positive des relations entre les Églises de Rome et de Constantinople, qui sont devenues fraternelles, en vérité. Le patriarche Bartholomée Ier n'est pas seulement un homme d'une culture extraordinaire, mais un véritable homme de Dieu. Je suis heureux et reconnaissant qu'une vraie amitié nous lie au niveau personnel. Il m'a d'ailleurs déjà rendu visite au couvent.

La publication du grand ouvrage en trois volumes sur Jésus-Christ a été l'un des événements les plus marquants de votre pontificat, particulièrement pour des générations de prêtres et de laïcs pour qui il va devenir l'ouvrage de référence sur la foi chrétienne. En effet, pour la première fois dans l'histoire, un pape présentait une étude théologique catégorique sur le fondateur de l'Église. Cet ouvrage, qui a eu des millions de lecteurs à travers le monde, marque un tournant dans l'étude et dans le rapport aux Évangiles. Leur authenticité ne fait aucun doute pour vous et vous interprétez leurs messages d'une manière nouvelle pour la modernité.

Ce projet est né avant votre pontificat. Vous êtes-vous demandé s'il était bon qu'un pape écrive des livres ?

Je savais qu'il fallait que je l'écrive, voilà tout. Et je n'ai donc jamais douté que je pouvais l'écrire.

Le premier volume a été publié pour vos quatre-vingts ans, en 2007. Comment avez-vous pu trouver le temps d'y travailler ?

Je me le demande aussi. Il faut croire que Dieu m'a beaucoup aidé. En plus, je tenais vraiment à le faire. En effet, de même que la liturgie occupe une place centrale dans l'expérience que l'Église a d'elle-même et que rien ne va plus quand la liturgie n'est plus elle-même, de même l'Église s'essouffle quand nous ne connaissons plus Jésus. Le risque est considérable qu'il soit détruit pour nous par certains types d'exégèses, qu'il s'épuise à force de discours. Il a donc fallu que je m'enfonce un peu dans une forêt de détails. Une analyse spirituelle du dogme ne suffisait pas ici. Il fallait prendre part à la querelle, sans se perdre dans les détails exégétiques mais avec suffisamment de profondeur pour constater que la méthode historique ne nous interdit pas la foi.

Vous a-t-on préparé le travail ?

Non, car j'ai toujours fait partie de ce milieu* et j'ai continué à suivre les débats et l'état des connaissances. Je disposais donc de toute la préparation nécessaire.

Et après avoir accompli les devoirs de votre charge, vous arriviez à vous asseoir à votre bureau et à reprendre la rédaction de votre texte là où vous l'aviez laissée ? Comme quelqu'un qui reprend son tricot et le continue ?

(Il rit.) C'est à peu près cela. C'était quelque chose qui, intérieurement, me préoccupait tant, qui était si présent qu'il suffisait que je me rebranche, en quelque sorte, pour pouvoir poursuivre immédiatement.

---

* Le milieu des théologiens (N.d.A.).

234

Vous avez quatre-vingts ans, vous entreprenez une œuvre d'une ampleur considérable qui vous replonge intensément dans une thématique qui vous a occupé toute votre vie – comment les choses se sont-elles passées pour l'auteur ?

Pour commencer, il faut tout relire, tout méditer. D'une part en partant des textes de l'Évangile, d'autre part en dialoguant avec les principaux ouvrages d'exégèse. C'est une redécouverte. C'était aussi un progrès spirituel que de me replonger jusqu'aux fondements et d'être capable de le dire. Car ce n'est que lorsqu'on est capable d'exprimer les choses et de les dire qu'on les a comprises.

Cela inspire à nouveau une profonde émotion ?

Certainement. Tout vous redevient très proche. Parce qu'on reconsidère tout. Par exemple, le discours eschatologique de Jésus, où tous pensent que le monde disparaîtra avec Jérusalem. Ou bien la question de l'expiation. Trouver la manière de l'aborder, voilà le plus difficile. Et j'ai l'impression que, alors que je croyais que j'avais déjà eu les idées fondamentales, tout m'a été à nouveau offert.

Pourrait-on dire que ce travail a été source d'une force irremplaçable pour votre pontificat ?

Certainement. Un peu comme si je puisais constamment de l'eau au plus profond des sources.

Avez-vous vécu au cours de votre existence cette seconde où l'on se demande si tout ce que nous croyons à propos de Dieu n'est pas qu'une idée ? Si l'on ne va pas s'éveiller un matin et devoir dire : nous nous sommes bel et bien trompés ?

La question « Est-ce réellement fondé ? » se pose bien sûr constamment. Mais j'ai vécu par ailleurs tant d'expériences concrètes de foi, d'expériences de la présence de Dieu que je suis armé pour ces moments-là et qu'ils sont incapables de me terrasser.

Vous n'avez jamais éprouvé de grands doutes ? Par exemple dans votre jeunesse, quand vous étiez étudiant ?

Encore moins à l'époque. L'Église était encore si vivante, tout y était si simple et si direct, vrai et pacifié. Non, ce n'est que plus tard, au moment où le monde s'est morcelé, que la Chrétienté, l'Église elle-même, semblaient ne plus savoir qui elles étaient. Mais je me suis toujours senti soutenu, Dieu soit loué.

Il n'y a eu « que » trois encycliques sous votre pontificat. Pourquoi avoir été si économe ?

D'abord parce que je voulais terminer mon livre sur Jésus, justement. On peut évidemment y voir une mauvaise priorité. En tout cas, c'est l'une des raisons. Et puis aussi parce que, après la grande profusion d'encycliques que nous avait offerte Jean-Paul II, je pensais qu'il serait bon d'adopter un rythme plus lent.

Avez-vous une encyclique préférée ? Laquelle aimez-vous le mieux ?

Peut-être la première, *Deus caritas est.*

Voyages et rencontres

Venons-en à quelques-unes de vos rencontres avec d'éminents contemporains. Avez-vous reçu Václav Havel ?

Oui, ça a été une très belle rencontre. J'avais déjà lu certains de ses écrits, qui touchent dans le mille. Surtout ce qu'il dit du rapport entre politique et vérité. Sa santé était déjà altérée, mais le fait de pouvoir parler avec l'homme Václav Havel a été un grand moment d'émotion pour moi. La rencontre avec Shimon Peres a également été importante à mes yeux, c'est quelqu'un que j'admire. On sait ce qui est arrivé à son père. Qu'il soit resté, à l'intérieur, tel qu'il est, bienveillant et ouvert, témoigne d'une humanité et d'une ouverture incroyables.

Et votre entrevue avec Obama ?

C'est un grand homme politique, bien sûr, qui connaît les recettes du succès et qui a certaines idées que nous ne pouvons pas partager, mais en ma présence, il ne s'est pas montré uniquement tacticien ; c'est aussi un homme réfléchi. J'ai senti qu'il cherchait la rencontre, et qu'il m'écoutait. C'est également le cas de Michelle Bachelet, la présidente du Chili. Elle est athée, marxiste, et il y a donc bien des points sur lesquels nous ne sommes pas d'accord. Mais j'ai perçu chez elle une volonté éthique fondamentale qui se rapproche du christianisme. Nous avons eu une bonne discussion. C'était vraiment impressionnant de faire la connaissance de ces personnalités pas seulement sous leur aspect tactique et politique, des personnalités qui sont certes très éloignées, mais qui cherchent, elles aussi, à ce que les choses aillent comme il faut.

Vous discutez du reste volontiers avec des agnostiques, avec des athées reconnus, avec des gens de gauche.

Oui, oui, bien sûr, ça fait partie de la mission en un sens. À condition que leurs paroles et leurs réflexions soient sincères. Il y a évidemment des fanatiques qui ne sont que des fonctionnaires avec des slogans de fonctionnaires à la bouche. Mais quand ce sont des êtres humains, que l'on sent qu'intérieurement ils sont inquiets…

Avez-vous vraiment reçu la visite de Jürgen Habermas avec lequel vous aviez mené un fameux débat philosophique lors d'une manifestation organisée à Munich ?

Je ne l'ai pas revu. Mais il m'a envoyé une petite carte lors d'un voyage, et bien que ténu, un lien s'est ainsi maintenu entre nous.

Et votre rencontre avec Poutine ?

Intéressante. Nous avons discuté en allemand, il parle un allemand parfait. Nous ne sommes pas allés très en profondeur, mais il me semble qu'il est – tout en restant un homme de pouvoir, bien sûr – plutôt conscient de la nécessité de la foi. C'est un réaliste. Il constate combien la Russie souffre de l'effondrement de la morale. Et en tant que patriote également, qui souhaite refaire de la Russie une grande puissance, il voit que la destruction du christianisme menace de détruire son pays. L'homme a besoin de Dieu, il s'en rend parfaitement compte, et il en a aussi une conscience intime. Au moment où il a remis l'icône au pape*, il a d'abord fait le signe de croix et l'a baisée.

Vous vous êtes manifestement très bien entendu avec Giorgio Napolitano, le président de la République italienne de l'époque, un ancien communiste.

Oui, nous sommes de véritables amis. J'avais déjà noué une grande amitié avec Francesco Cossiga**, et aussi avec Carlo Azeglio Ciampi***. Napolitano est un homme attaché au droit et à la justice, au bien, et non au succès du parti. Nous nous entendons vraiment très bien. Il est d'ailleurs venu me voir ici, au monastère.

Quel a été votre voyage le plus délicat ?

La visite que j'ai faite en Turquie, peut-être. L'ombre du discours de Ratisbonne planait encore. Aussi Erdogan a-t-il d'abord refusé tout net de me rencontrer. Le climat s'est peu à peu réchauffé, de sorte qu'à la fin il y a eu une vraie entente entre nous. Mais au début, cela n'a pas été facile et je suis très reconnaissant à Dieu que les cœurs se soient ouverts des deux côtés.

New York, 18 avril 2008 : vous prononcez votre célèbre discours devant les Nations unies. Le New York Post écrit à propos de votre intervention : « Qui n'en est pas

---

*   Le pape François (N.d.A.).
**   Président de la République italien de 1985 à 1992 (N.d.A.).
***   Président de la République italien de 1999 à 2006 (N.d.A.).

ému n'est pas vivant », tandis que le Times *de Londres déclare : « Lors de son voyage aux États-Unis d'Amérique, le pape Benoît XVI est incontestablement sorti de l'ombre de son prédécesseur et a manifesté un charisme bien à lui. » Comment les choses se sont-elles passées de votre point de vue ?*

D'abord, j'ai été très impressionné de sentir toute l'attention de l'Assemblée générale se porter sur moi et se maintenir pendant tout ce long discours. Il me semble aussi que la *standing ovation* qui m'a été réservée révélait que mon allocution avait réellement touché les gens. Ensuite, les rencontres se sont enchaînées avec des gens de toutes origines, avec des enfants, des employés de l'ONU, des responsables politiques, qui ont retiré à l'ONU son caractère institutionnel pour en faire une communauté d'hommes ; ce n'était plus simplement un organisme anonyme, elle se présentait sous les traits d'individus qui étaient tous heureux que le pape soit là, qu'il soit venu à l'ONU et qu'il s'adresse à eux.

Paris, 12 septembre 2008 : votre séjour dans la capitale française avait tout du match à domicile. Visiblement, vous étiez très à l'aise.

Je dois l'avouer, oui. J'aime la culture française et je m'y sens comme chez moi. C'était tellement beau, la grand-messe sur l'esplanade des Invalides avec deux cent mille personnes...

Ce que personne n'avait anticipé...

... la réception à l'Académie où nous étions tous réunis simplement, comme des amis, c'était très émouvant. Puis la rencontre au Collège des Bernardins, où les anciens présidents étaient également présents. Giscard me connaissait et il m'a rendu encore une visite par la suite. J'avais préparé mes interventions en m'appuyant sur la tradition théologique française, de sorte que le contact spirituel s'est noué de l'intérieur pour ainsi dire.

Paris – bien des souvenirs ont dû vous revenir à l'esprit.

Je n'y suis pourtant pas allé aussi souvent qu'on le croit. La première fois, c'était en 1954, pour le grand congrès augustinien qui s'y déroulait. C'était d'ailleurs mon tout premier voyage important à l'étranger. Cette introduction dans le grand monde de la science internationale et dans l'univers intellectuel spécifique des Français reste pour moi un souvenir vraiment marquant.

Venons-en à une visite difficile, qui pourtant avait pour cadre votre patrie : Berlin, septembre 2010. J'imagine que ce voyage représentait un défi tout particulier pour vous.

Bien sûr, ne serait-ce que parce que Berlin est étranger à maints égards à la tradition catholique, que cette ville est l'expression d'un monde protestant, où le catholicisme existe, bien sûr, et est vivant, mais reste plus ou moins marginal. Dans les lettres qu'il a adressées à Josef Weiger, et que Barbara Gerl-Falkowitz a publiées, Romano Guardini décrit de manière saisissante comme il a été abattu, physiquement, et ébranlé par la misère de la culture catholique face à la puissance de la culture profane. C'était bien sûr sa première impression, qu'il a peu à peu rectifiée. Mais le noyau de cette expérience est toujours d'actualité. Il est clair qu'il ne faut pas s'attendre qu'à Berlin les choses se passent comme à

Madrid. Ou même comme à Londres ou Édimbourg. Ce ne sont pas non plus des villes catholiques, mais le public est différent...

Public qui avait accueilli le pape avec enthousiasme lors de sa visite, exactement un an auparavant.

Berlin est évidemment plus froid. En revanche, les catholiques ont su montrer leur joie et leur présence à Berlin. La messe au stade olympique a été franchement impressionnante...

Vous attendiez-vous qu'il se produise des événements que vous n'apprécieriez pas ?

C'était un risque. On connaît bien les incidents déplaisants avec le pape Jean-Paul II...

Je ne veux pas parler de manifestations dans la rue, mais des réactions des représentants de la société, des milieux politiques. Dès son discours de bienvenue, le président fédéral Wulff avait réclamé une modification de certains principes catholiques.

Il fallait s'y attendre. Cela ne m'a donc ni surpris ni bouleversé. J'ai été très ému en revanche par la concentration qui régnait au Bundestag pendant mon discours. L'attention était telle qu'on aurait entendu une mouche voler. Et l'on sentait qu'il ne s'agissait pas de simple courtoisie, mais d'une écoute profonde. Ce moment a donc été important pour moi.

Dans votre grand discours de Fribourg, vous avez réclamé une démondanisation de l'Église, indispensable pour que les forces vives de la foi puissent à nouveau se déployer pleinement. Il ne s'agissait pas de se détourner des hommes, de la caritas *chrétienne, ou de se retirer de l'engagement social et politique, mais de s'éloigner du pouvoir, de Mammon, du faux-semblant, de la tromperie et de l'auto-illusion. Ce discours a souvent été mal interprété, par certains tout à fait délibérément, dont des membres de l'Église. Comment l'expliquez-vous ?*

De toute évidence, les gens ne comprennent pas le terme « démondanisation », et il n'était donc peut-être pas très habile de le placer ainsi au premier plan. Il me semble tout de même que le message contenu dans ce discours était suffisamment clair et que ceux qui voulaient le comprendre l'ont compris.

C'était un message révolutionnaire.

En effet.

Vous y disiez qu'il fallait rester en résistance, dans l'inconfort, l'inadaptation, faire redécouvrir que le christianisme s'inscrit dans une conception du monde tout à fait particulière, qui n'a aucune commune mesure avec ce qui relève d'une vision purement profane, purement matérialiste, et qui inclut le mystère de la vie éternelle. Il était question d'une nouvelle véracité et de l'authenticité de la vie chrétienne, donc de la véritable réforme, décisive, de l'Église. Ce qu'apparemment on comprend très bien aujourd'hui avec le pape François.

Effectivement, c'est différent.

Sur la question de l'impôt religieux qui existe en Allemagne : s'il n'avait tenu qu'à vous, auriez-vous pris une décision différente ?

Je dois dire que j'éprouve de profonds doutes sur le bien-fondé du système d'impôt religieux. Je ne veux pas remettre en cause son existence même. En revanche, l'excommunication automatique de ceux qui ne le payent pas ne me paraît pas justifiable.

De nombreux médias allemands donnent de l'Église catholique l'image d'un adversaire du progrès à combattre. Sans doute aucun pape depuis l'époque moderne n'a été aussi malmené que vous dans son pays d'origine. Cela vous a-t-il beaucoup affecté ?

Tous les papes depuis l'époque moderne sont italiens. Il ne faut pas oublier non plus que Pie IX s'est heurté à une profonde incompréhension quand il a refusé de prendre la tête de l'Italie dans la guerre contre l'Autriche. Au début, on le considérait comme un pape moderne, patriote, ouvert. Mais lorsqu'il s'est dérobé à cette attente, il a fait l'objet d'un rejet complet. On a du mal aujourd'hui à imaginer à quel point cette hostilité a été radicale. Il a pourtant fait preuve de grandeur. En effet, s'il avait accepté de prendre la tête de l'Italie, cela aurait signé la fin de la papauté. Il a été victime d'un retournement de la faveur du public qu'il fallait être un saint pour surmonter.

Je pourrais aussi vous donner l'exemple de Benoît XV. L'implication des Italiens dans la Première Guerre mondiale s'inscrivait dans la lignée du *Risorgimento*, la renaissance de l'Italie. Le Trentin appartenait toujours à l'Autriche, il fallait le rattacher à l'Italie. La Première Guerre mondiale représentait donc un devoir patriotique. Or Benoît XV a dénoncé une boucherie absurde. On lui en a beaucoup voulu, les catholiques comme les autres. Pourtant, dans le fond, il était héroïque d'affirmer : non, ce n'est pas un acte patriotique, c'est une destruction insensée.

Autrement dit : vous avez été capable de replacer les attaques dont vous faisiez l'objet dans un contexte plus général, et cela ne vous a pas trop...

Non, surtout quand je pense à ces deux papes des avant-dernier et dernier siècles, Pie IX et Benoît XV. Ils ont vécu cela de manière bien plus extrême et bien plus terrible que moi.

L'establishment catholique allemand ne s'est pas particulièrement fait remarquer par son engagement, en faveur de la nouvelle évangélisation par exemple, alors même que l'effondrement de la foi a atteint des dimensions dramatiques dans ce pays.

L'Allemagne possède un catholicisme établi et bien payé, avec souvent des catholiques salariés qui ont donc tendance à considérer l'Église avec une mentalité de syndicat. L'Église n'est pour eux qu'un employeur, à l'égard duquel il est normal d'afficher une attitude critique. Ils ne sont pas mus par une dynamique de la foi, ils occupent un emploi. Le grand danger qui menace l'Église en Allemagne, c'est, me semble-t-il, le grand nombre de collaborateurs rémunérés dont elle dispose et l'excédent de bureaucratie non ecclésiastique dont elle souffre de ce fait. Les Italiens ne peuvent pas se permettre d'avoir autant de salariés et le bénévolat occupe une place capitale dans le travail de l'Église. La grande rencontre catholique qui se tient régulièrement à Rimini fait ainsi exclusivement appel aux convictions. Tout le travail d'aménagement des salles et d'installation des équipements techniques est accompli par des

LE PAPE DE JÉSUS

bénévoles, qui ne sont pas payés. La situation est très différente.

Ce qui crée une autre mentalité.

Naturellement. Je regrette cette situation, cet excès d'argent, qui n'en reste pas moins toujours insuffisant, et l'amertume qui en résulte, la hargne qui s'exprime dans les milieux intellectuels allemands.

Avez-vous été très déçu par votre visite en Allemagne ?

Le terme de déception ne s'applique pas, me semble-t-il, à cette visite. Je savais bien sûr que les forces du catholicisme établi ne seraient pas d'accord avec ce que j'avais dit, mais d'un autre côté, mon discours a fait réfléchir, il a inspiré des forces silencieuses au sein de l'Église et les a encouragées. Il est tout à fait naturel que de telles pensées suscitent des échos divers. L'essentiel, c'est qu'elles fassent réfléchir et inspirent l'envie d'une véritable rénovation.

La Havane, 28 mars 2012. Vous étiez déjà allé au Mexique, cette fois, c'est Cuba. Quel souvenir gardez-vous de votre arrivée à La Havane ?

Je sais pertinemment que tout avait été prévu par l'appareil d'État, la grosse artillerie, les salves, tout ça, mais tout de même, il m'a semblé sentir de la part du chef d'État une reconnaissance de la papauté, du pape, de l'Église et du christianisme, qui donne de l'espoir. J'avais proposé de faire du vendredi saint un jour férié à Cuba également. Raúl Castro m'a répondu : « Seul le Conseil d'État est en mesure de prendre cette décision. Je peux faire une exception pour aujourd'hui. Cela

246

passera ensuite au Conseil d'État et la mesure sera définitivement adoptée. » C'est ce qui s'est passé. J'ai eu l'impression qu'il tenait à s'éloigner en douceur de la théorie marxiste rigide, en préservant l'autorité de l'État, mais en permettant une plus grande ouverture au christianisme. Et par là, une plus grande liberté.

Qu'avez-vous pensé de votre rencontre avec Fidel Castro ?

Elle a été émouvante. C'est bien sûr un homme âgé et malade, mais tout de même très présent et encore plein de vitalité. Je ne crois pas que, dans le fond, il puisse encore se défaire de la structure intellectuelle dans laquelle il a grandi. Mais il voit que tous les bouleversements de l'histoire du monde posent la question religieuse sous une forme nouvelle. Il m'a ensuite demandé de lui envoyer des livres.

L'avez-vous fait ?

Je lui ai envoyé *La Foi chrétienne hier et aujourd'hui* et un ou deux autres ouvrages. Ce n'est pas un homme dont on peut espérer une conversion, mais il voit bien que les choses n'ont pas tourné comme il le pensait. Ce qui l'oblige à réfléchir encore à tout cela et à se poser des questions.

Manquements et problèmes

Saint Père, vous avez placé un protestant à la présidence de l'Académie pontificale des sciences. Lorsque vous étiez pape, pour la première fois un professeur musulman est entré à la Grégorienne, où il enseigne le Coran. Avec la création du Conseil pontifical pour la promotion de la nouvelle évangélisation, vous avez fondé la base organisationnelle de la mission moderne. Vous avez permis à d'autres communautés, les anglicans par exemple, de vivre leur tradition au sein de l'Église catholique. Nous ne pouvons aborder dans le cadre de cet entretien qu'une partie du très grand nombre de décisions et d'événements qui ont marqué votre pontificat. Je souhaiterais donc que nous nous attardions un instant sur les points que les critiques portent non pas au crédit, mais au débit de votre administration. Un des reproches qu'on vous a faits était d'être trop peu disposé aux changements.

Je commencerai par rappeler que lorsqu'on commence un pontificat à soixante-dix-huit ans, on ne peut pas envisager de grandes transformations et ouvrir de vastes perspectives, que l'on ne serait pas en mesure de mener à bien soi-même. J'en ai déjà parlé. Il faut faire ce qu'il est possible de faire dans l'instant. Deuxièmement, s'agissant de grands changements, de quoi pourrait-il s'agir ? Il est important que la foi reste dans le temps présent. Pour moi, c'est la mission primordiale. Tout le reste relève de questions administratives qu'il n'était pas indispensable de régler dans le laps de temps qui m'était accordé.

N'avez-vous pas également senti la nécessité d'un élan de modernisation de l'Église catholique ?

Tout dépend de ce qu'on appelle élan de modernisation. La question n'est pas de savoir ce qui est moderne et qui l'est. Ce qui importe en réalité, ce n'est pas seulement que nous annoncions la foi dans des formes vraies et bonnes, mais que nous apprenions à les comprendre et les exprimer de façon nouvelle pour l'époque actuelle – et que se constitue ainsi également un nouveau style de vie. C'est d'ailleurs ce qui se passe. Par la Providence ; par le Saint-Esprit ; par les récents mouvements au sein d'ordres religieux. Ces mouvements contiennent des formes au sein desquelles la vie de l'Église se présente sous un jour nouveau.

Quand je compare par exemple nos sœurs Memores, ici, au monastère, avec les religieuses d'autrefois, on distingue parfaitement un grand élan de modernisation. Simplement parce que là où la foi est active et vivante, où elle ne vit pas dans la négation mais dans la joie, elle trouve des formes nouvelles.

Je suis heureux que la foi se présente sous un jour nouveau dans de jeunes mouvements et que l'Église prenne ainsi un nouveau visage. C'est un des traits que l'on distingue très bien aux Journées mondiales de la jeunesse. Ce ne sont pas des gens qui sont à la remorque du temps, ce sont des jeunes qui éprouvent le besoin d'autre chose que de la phraséologie habituelle. Qui sont vraiment animés par une flamme. Dans les impulsions qu'a données Jean-Paul II se constitue déjà une nouvelle génération, l'Église prend un visage nouveau et jeune.

Vous avez réclamé très tôt que l'Église se détache de certains biens matériels, pour que son bien véritable puisse s'affirmer. Ce mot d'ordre n'aurait-il pas dû être suivi de signes et d'actions clairs sous votre pontificat ?

Peut-être, mais c'est difficile. Il faut toujours commencer par soi-même. Le Vatican a-t-il trop de possessions ? Je n'en sais rien. Nous devons faire beaucoup pour les pays plus pauvres, qui ont besoin de notre aide. L'Amazonie ici, l'Afrique là, etc. L'argent doit être là surtout pour être donné, pour servir. Mais pour qu'on puisse le donner, il faut bien aussi qu'il entre. De sorte que je ne sais pas très bien de quoi nous aurions pu nous défaire au juste. Je crois que chaque Église locale devrait se poser la question, à commencer par celle d'Allemagne.

Ce qui se passe actuellement sous le pape François est aussi une remise en question de certains aspects obsolètes de l'administration de l'Église.

Dès le début, je me suis beaucoup interrogé sur l'IOR* et j'ai cherché à le réformer. Ce n'est pas rapide parce qu'il faut le temps de se mettre au courant. Il était essentiel d'en retirer la responsabilité à ceux qui s'en étaient occupés jusque-là. Il fallait la confier à une nouvelle direction et, pour bon nombre de raisons, il semblait juste de ne plus nommer un chef italien. Je me dis que, avec le baron Freyberg, j'ai trouvé une très bonne solution.

---

* L'Istituto per le opere di religione (l'Institut des œuvres religieuses), la banque du Vatican (N.d.A.).

C'était votre idée ?

Oui. Des dispositions légales ont aussi été prises sous ma responsabilité pour empêcher notamment le blanchiment d'argent. Cet effort été reconnu à l'échelle internationale. En tout cas, j'ai fait quelque chose pour réformer l'IOR. J'ai aussi renforcé les deux commissions internationales chargées de le contrôler et elles ont constaté de vrais progrès. Sans bruit, j'ai travaillé sur les aspects législatifs aussi bien que concrets. En partant de là, je pense qu'il est maintenant possible d'aller plus loin.

Sous votre pontificat, des choses longtemps mises sous le boisseau ont été révélées au grand jour.

J'aurais évidemment voulu faire davantage encore. À la suite de la neuvième station du chemin de croix*, beaucoup de gens ont dit : « Ah ! le pape va intervenir ! » Je l'aurais bien voulu, mais il est si difficile d'y voir clair. Il y a une intrication de problèmes structurels et personnels, et intervenir de manière précipitée peut causer plus de dégâts que de bien. C'est pourquoi il faut s'y prendre avec lenteur et précaution.

Après votre renonciation, on a appris que vous aviez révoqué plusieurs centaines de prêtres à travers le monde pour des affaires d'abus sexuels.

Quand cette affaire a commencé, le droit pénal de notre Codex** n'autorisait que la suspension. Du point de vue du droit américain, c'était tout à fait insuffisant parce que les individus concernés restaient prêtres. Nous avons donc

---

* Allusion aux propos tenus par Ratzinger avant son élection évoquant les souillures dans l'Église (N.d.A.).

** Le *Codex Iuris Canonici*, le droit pénal de l'Église (N.d.A.).

pris une décision commune avec les évêques américains : pour que la sanction apparaisse clairement, il fallait que ces prêtres quittent l'état sacerdotal, qu'ils soient révoqués.

Vous parlez encore de l'époque où vous étiez préfet.

Oui, oui, bien sûr. J'ai alors œuvré à l'amendement du droit pénal, qui était très laxiste, et je me suis efforcé de renforcer avant tout la protection des victimes et d'accélérer les procédures qui avaient tendance à s'éterniser. Si on n'arrive à sanctionner quelqu'un qu'au bout de dix ans, il est vraiment trop tard.

La révocation de quatre cents prêtres...

Cela s'est passé pendant que j'étais pape, mais en nous appuyant sur les règles juridiques que nous avions mises en place auparavant.

Nous avons abondamment parlé de l'affaire Williamson[8] dans Lumière de la vie. *Une dernière question à ce sujet. À quel moment exactement avez-vous été informé du problème ?*

Seulement après coup. Je ne comprends pas. Alors que l'affaire était déjà connue, il me paraît incompréhensible, inconcevable que personne chez nous n'en ait pris conscience.

Votre secrétaire d'État, le cardinal Bertone* aurait pu vous demander de surseoir à ce décret.

Évidemment.

---

* Tarcisio Bertone, secrétaire d'État du Vatican de septembre 2006 à octobre 2013 (N.d.T.).

Cela n'aurait pas posé de problème.

Aucun. Pourtant, je ne crois pas qu'il était au courant ; je ne peux pas imaginer ça.

On peut considérer l'affaire Williamson comme une sorte de tournant de votre pontificat. Est-ce ainsi que vous le voyez ?

Il y a évidemment eu à l'époque une immense campagne de propagande contre moi. Ceux qui m'étaient hostiles avaient enfin un prétexte pour dire : il est inapte et ne devrait pas occuper cette place. C'était une heure sombre et une période difficile. Mais les gens ont fini par comprendre qu'en réalité je n'en avais pas été informé, voilà tout.

Est-il exact que cela n'a pas eu de conséquences sur le personnel ?

Non. À la suite de cette affaire, j'ai entièrement réorganisé la Commission Ecclesia Dei, qui était responsable de ce qui s'était passé. Parce que j'en ai conclu que son fonctionnement laissait à désirer.

Avez-vous été trop faible ?

Je considère que seule cette Commission est fautive. Et je l'ai entièrement réformée.

Dans leur livre Benoît XVI : un pontificat sous les attaques* *publié avant les Vatileaks, les auteurs italiens Andrea Tornielli et Paolo Rodari sont arrivés à la conclusion que des milieux anticatholiques ont organisé*

---

* Titre original : *Attacco a Ratzinger*, trad. fr. R. Voyat, Paris, P.G. de Roux éditions, 2011 (N.d.T.).

des complots, des campagnes médiatiques et des attaques contre le pape Benoît. Avez-vous également senti une résistance au sein de la Curie face à certains projets ?

Non, je ne dirais pas cela. En tout cas, les personnes les plus importantes, les préfets et les présidents, étaient toutes avec moi.

Votre cardinal secrétaire d'État Tarcisio Bertone a essuyé le feu de la critique. Bertone n'était pas issu de la diplomatie. Avec un professionnel à la tête de la secrétairerie d'État, prétendaient vos détracteurs, on aurait évité de nombreuses négligences et de nombreux manquements qui vous ont ensuite été reprochés. Pourquoi n'avez-vous pas procédé à une nouvelle nomination à ce poste essentiel ?

Parce que je n'avais aucune raison de le faire. Bertone n'était pas un diplomate, c'est exact, mais il était directeur de conscience, évêque et théologien, professeur, spécialiste du droit canon. En tant que canoniste, il avait également enseigné le droit international et était très compétent pour tout ce qui touchait aux aspects juridiques du service. Il a d'emblée été victime d'un puissant préjugé de la part de certains, voilà tout. Et ces gens-là ont évidemment exploité tout ce qui pouvait confirmer leur jugement. Sans doute a-t-il commis des erreurs, trop de voyages, ses discours, etc. Mais lorsqu'il était secrétaire d'État, Pacelli* a fait au moins autant de voyages que lui. Il a été critiqué et je pense que, dans le fond, beaucoup des reproches qu'on lui a faits s'adressaient à moi. Nous nous faisions confiance, nous nous entendions bien, alors je

---

* Eugenio Pacelli, le futur Pie XII (N.d.A.).

ne l'ai pas lâché, encore aujourd'hui, quand je vois qu'on continue de lui adresser des reproches totalement mensongers. D'ailleurs, par son action en justice, il a obtenu que les calomniateurs qu'on a pu identifier retirent tous leurs propos.

Est-il exact que lors d'une entrevue avec vous, plusieurs cardinaux, dont le cardinal Schönborn, ont demandé le remplacement de Bertone ? Vous auriez paraît-il répondu : « Bertone reste, basta ! »

Non, ce n'est pas exact.

À l'image de votre patron, saint Benoît, vous avez eu affaire à un « corbeau » – puisque c'est ainsi qu'on a surnommé votre majordome Paolo Gabriele – avec le vol de documents confidentiels par une personne de votre plus proche entourage. Avez-vous été profondément affecté par cette histoire ?

Pas au point de sombrer dans le désespoir ni dans la dépression. Pour moi, c'était tout bonnement incompréhensible. Même quand je me penche sur la personne en question, je n'arrive pas à comprendre qu'on puisse vouloir faire une chose pareille. Je ne comprends pas ce qu'on peut espérer en tirer. C'est une psychologie que je suis incapable de pénétrer.

Certains pensent que ce qui s'est passé est dû à votre trop grande crédulité.

Ma foi, ce n'est pas moi qui l'ai choisi. Je ne le connaissais même pas. Il est passé par toutes les étapes du système, tous les examens. Et selon toute apparence, il semblait convenir.

La connaissance des hommes, paraît-il, ne serait pas vraiment votre fort.

(Il rit.) C'est vrai, je suis prêt à l'admettre. D'un autre côté, je suis très précautionneux et très prudent, parce que j'ai souvent fait l'expérience des limites de la connaissance humaine chez autrui, et chez moi également.

Comment avez-vous considéré le volet juridique de l'affaire ?

Il m'a semblé essentiel de veiller au respect de l'indépendance de la justice, à plus forte raison au Vatican. Que le monarque ne déclare pas : je prends les choses en main, mais que la justice suive son cours dans un État de droit. Le monarque est libre ensuite d'accorder sa grâce, mais c'est une autre question.

Votre ancien majordome a été condamné pour vol aggravé à dix-huit mois de prison le 6 octobre 2012. Il a commencé à purger sa peine au Vatican le 25 octobre. Vous êtes allé le voir le 22 décembre, vous lui avez pardonné et l'avez dispensé du reste de sa peine. Gabriele a été libéré le jour même. Que vous a-t-il raconté, lors de cette visite ?

Il était bouleversé par ce qu'il avait fait. Je ne désire pas analyser sa personnalité. C'est un curieux mélange, ce dont on l'a convaincu ou dont il s'est lui-même convaincu. Il a compris qu'il n'aurait pas dû faire ça, qu'il était sur la mauvaise voie, tout simplement.

Certains se sont demandé si un majordome pouvait accomplir seul une opération de cette envergure. Qu'en pensez-vous ?

Il s'est sûrement chargé lui-même de transmettre les documents. Personne d'autre que lui n'y avait accès.

Mais il aurait pu avoir des sympathisants, des amis qui l'auraient encouragé à passer à l'action.

C'est possible, je n'en sais rien. En tout cas, cela n'a pas été établi.

Vous aviez formé une commission chargée de tirer cette affaire au clair. N'avez-vous pas été ébranlé par l'ampleur de la malveillance, de la jalousie, du carriérisme et des intrigues au Vatican ?

C'est une chose qui se sait. Je tiens à dire expressément que tout cela existe effectivement, mais que cela ne représente pas l'intégralité du Vatican. Il y a un nombre considérable de personnes remarquables, qui travaillent avec un entier dévouement, du matin au soir. Je connais tellement de gens bien, que tout ce que je peux dire, bon, c'est qu'il faut accepter que ce genre de choses existe. Dans une organisation de plusieurs milliers de personnes, il ne peut pas y avoir que du bon. Il faut l'admettre même si c'est affligeant, mais cela ne doit pas empêcher de voir le reste. Je suis vraiment ému de rencontrer ici autant de gens qui, au plus profond d'eux-mêmes, veulent vraiment faire quelque chose, et qui sont là pour Dieu, pour l'Église et pour les hommes. Si vous saviez le nombre de gens vraiment bons, vraiment purs que j'ai rencontrés ici ! Pour moi, cela rachète les autres et je dis : le monde est ainsi fait ! Le Seigneur nous l'a appris ! Le filet contient aussi de mauvais poissons.

Pour conclure sur le sujet, votre successeur a évoqué un lobby gay au Vatican, une coterie homosexuelle posant un problème. L'avez-vous considéré comme tel, vous aussi ?

On m'a effectivement signalé l'existence d'un groupe que nous avons dissous. Cela figurait en réalité dans le rapport de cette commission de trois membres qui a pu établir l'existence *d'un* groupe, un petit groupe, de quatre, cinq personnes tout au plus, que nous avons dissous. Je ne sais pas s'il s'en est reconstitué un. En tout cas, on ne peut pas dire que ça fourmille d'affaires de ce genre.

L'affaire des Vatileaks vous a-t-elle lassé de vos fonctions ?

Non, car j'estime que ce genre de choses peut toujours arriver. L'essentiel, comme je l'ai déjà dit, est de ne pas partir pendant la tempête, mais de résister.

Conclusion

Pape Benoît, vous aviez prédit dans les années 1950 un déclin considérable de la foi dans une grande partie de l'Europe. Cela vous a valu une réputation de pessimiste. On constate aujourd'hui que votre vision de la « petite Église », qui perdrait beaucoup de ses privilèges, serait combattue et rassemblerait autour d'elle de moins en moins de croyants au sens strict, s'est réalisée.

Effectivement, oui. Je dirais que la déchristianisation se poursuit.

Comment envisagez-vous aujourd'hui l'avenir du christianisme ?

Il est manifeste que nous ne sommes plus en phase avec la culture moderne, que la structure chrétienne fondamentale n'est plus déterminante. La culture dans laquelle nous vivons aujourd'hui est positiviste et agnostique, elle se montre de plus en plus intolérante à l'égard du christianisme. La société occidentale, en Europe tout du moins, ne sera donc pas simplement une société chrétienne. Les croyants devront d'autant plus énergiquement continuer à former et à porter la conscience des valeurs et de la vie. Les différentes communautés et des Églises locales devront être plus

261

déterminées dans leur foi. La responsabilité est plus grande.

Rétrospectivement, quel serait le ciment de votre pontificat, sa caractéristique ?

Je dirais que l'Année de la foi l'exprime bien : un nouvel encouragement à croire, à vivre à partir du cœur, de la dynamique de la foi, à redécouvrir Dieu, à redécouvrir le Christ, à replacer donc la foi au centre.

En tant que pape, vous considérez-vous comme le dernier représentant d'une époque ancienne ou comme le premier d'une nouvelle ?

Je me situerais plutôt entre les temps.

Comme un pont, une sorte de jonction entre deux mondes ?

Je n'appartiens plus à l'ancien monde, mais le nouveau n'est pas encore tout à fait là.

L'élection du pape François pourrait-elle être le signe d'un tournant ? Marque-t-elle définitivement le début d'une nouvelle ère ?

Les classifications chronologiques, le moment où l'on situe le début du Moyen Âge ou de l'époque moderne par exemple, ont toujours été établies *a posteriori*. Ce n'est qu'avec le recul du temps que l'on peut observer leur déroulement. Je ne m'aventurerais donc pas à porter un tel jugement. Mais il est manifeste que l'Église se détache de plus en plus des anciennes structures de vie européennes et qu'elle prend un nouveau visage, que de nouvelles formes l'animent. Nous constatons avant tout les progrès de la déchristianisation de l'Europe, la disparition de plus en plus marquée de tout ce qui est chrétien dans la vie publique européenne. Il faut donc que l'Église affirme une nouvelle manière d'être présente, qu'elle modifie sa façon d'être présente. Des transformations de grande ampleur se produisent périodiquement. Mais sur le coup, il est impossible de définir à quel moment exact telle période commence, et puis telle autre.

Vous connaissez la prophétie de saint Malachie, qui a prédit au Moyen Âge, avec une liste des papes à venir, la fin des temps ou du moins la fin de l'Église. À en croire cette liste, la papauté s'achève avec votre pontificat. Pensez-vous être au moins le dernier d'une série de papes tels qu'on les a connus jusqu'ici ?

Tout est possible. Cette prophétie a vraisemblablement vu le jour dans l'entourage de Philippe Néri. Celui-ci voulait simplement, à l'aide d'une interminable série de papes futurs, montrer aux protestants qui évoquaient alors la fin de la papauté que non, ce n'était pas fini. Il ne faut pas en conclure qu'elle s'achèvera effectivement comme il l'a annoncé. Sa liste n'était pas assez longue.

Qu'est-ce qui vous a le moins plu dans vos fonctions ?

Les nombreuses visites politiques, je crois. Bien sûr, concrètement, il est toujours plaisant de s'entretenir avec des chefs d'État ou des ambassadeurs, parce que c'est le lieu de belles expériences. Ce sont en majorité des gens qui, même s'ils ne sont pas chrétiens, s'intéressent aux choses spirituelles. Il n'empêche que la partie politique a été la plus pénible pour moi.

*Y a-t-il des choses qui vous laissent un sentiment d'insa-
tisfaction ?*

Oui, bien sûr, par exemple de n'avoir pas toujours
eu la force de présenter les catéchèses de façon aussi
pénétrante, aussi humaine qu'il l'aurait fallu.

*Votre rhétorique, pourrait-on dire, a toujours été très
retenue. Ne serait-ce que parce que, lors de vos exposés,
vous n'établissiez presque pas de contact visuel avec votre
auditoire et que votre voix était relativement monocorde.
Était-ce intentionnel ?*

Non, non. C'était simplement, il faut bien que je
l'avoue, que ma voix manquait de puissance – et que
je n'avais pas encore suffisamment assimilé mon texte
pour pouvoir m'en détacher. C'était certainement un
défaut. Et j'ai une voix naturellement faible.

*Et pourtant, votre point fort est que vous êtes capable
de faire des discours absolument impeccables.*

Peut-être, mais quand on est obligé de parler aussi
fréquemment qu'un pape, on finit par arriver au bout
de ses forces.

*Le pape est très entouré, il rencontre sans cesse des per-
sonnalités importantes. Ne connaît-il pas également des
heures de solitude, au cours desquelles il peut se sentir terriblement seul, au fond de lui ?*

Si, mais je me sens si intimement lié au Seigneur que
je ne suis jamais tout à fait seul.

Celui qui croit n'est jamais seul ?

Exactement. On sait parfaitement qu'on n'agit pas
par soi-même. Qu'au demeurant on ne pourrait pas y

arriver seul. Il est toujours là. Il suffit que j'écoute et que je m'ouvre à Lui. De plus, on partage beaucoup de choses avec ses plus proches collaborateurs.

Comment arrive-t-on à écouter et à s'ouvrir à Lui ? Auriez-vous un conseil à me donner ?

(Il rit.)

Quel est le meilleur moyen d'y parvenir ?

Eh bien, on s'adresse au Seigneur – il faut qu'Il m'aide maintenant ! – et on se recueille intérieurement, on reste silencieux. Il est toujours possible de frapper à la porte par la prière, voilà comment on fait.

À quoi auriez-vous aimé vous consacrer davantage dans votre vie ?

Bien sûr, j'aurais été heureux de pouvoir faire plus de recherche. « Révélation », « Écritures », « Transmission » et « Qu'est-ce que la science théologique » : voilà l'ensemble des thèmes dont j'aurais aimé approfondir la recherche. Je n'ai pas pu le faire. Je suis tout de même satisfait de toutes les autres choses qui se sont produites. Dieu a voulu qu'il en soit ainsi. Pour moi, il va de soi que c'était bien.

Après tant de décennies, ne perd-on pas légèrement confiance dans sa propre corporation, dans la force de la théologie et des théologiens ? Quand on s'interroge sur les résultats obtenus ?

La théologie à l'université en Allemagne est indéniablement en crise et a besoin de nouvelles têtes, de nouvelles énergies, d'une nouvelle intensité de la foi. Mais la théologie elle-même est toujours en marche. Je remercie Dieu de ce que j'ai pu faire, même si je considère qu'au vu de ses modestes dimensions ce que j'ai accompli relève plus de réalisations circonstancielles que de travaux de spiritualité pastorale. Ce que j'ai réussi à faire a été un peu différent, comme je l'ai dit, de ce que je voulais – j'ai voulu toute ma vie être un bon professeur –, mais *a posteriori*, je constate que c'était bien ainsi.

Vous avez effectivement été considéré comme un professeur toute votre vie. On vous a appelé « le pape professeur » ou « le pape théologien ». Avez-vous jugé ces expressions pertinentes ?

Je dirais que j'ai surtout cherché à être un berger. Ce qui comprend aussi, naturellement, la fréquentation passionnée de la Parole de Dieu, c'est-à-dire ce qu'est censé faire un professeur. S'y ajoute la volonté d'être un confesseur. Les concepts de « professeur » et de « confesseur » ont philologiquement des sens très proches, mais ma mission penchait évidemment davantage du côté du « confesseur ».

Quel est votre point faible, selon vous ?

Peut-être la conduite claire, déterminée du gouvernement et les décisions à prendre. À cet égard, je suis effectivement plus professeur, quelqu'un qui réfléchit aux choses de l'esprit et les médite. Le gouvernement pratique n'est pas vraiment ma partie, ce qui constitue, dirais-je, une certaine faiblesse.

Et à votre avis, qu'avez-vous particulièrement bien réussi ?

(Il rit.) Je ne sais pas.

Dans votre autobiographie, il est souvent question de « nouvelles peines ». Avez-vous le sentiment d'avoir mené une vie difficile ?

Je ne dirais pas cela. Bien sûr, il y a eu de nombreux moments difficiles et pénibles, mais tellement de belles choses aussi que je ne dirais pas que ma vie a été difficile, non.

Quand on atteint un âge avancé, surtout lorsqu'on est pape, que reste-t-il à apprendre ?

On a toujours des choses à apprendre. Pour commencer, il faut continuer à apprendre ce que la foi nous dit à notre époque. Et il faut apprendre à avoir plus d'humilité, plus de simplicité, à accepter la souffrance, avoir du courage pour résister. Plus d'ouverture aussi, et la disposition à aller de l'avant.

En tant que pape, avez-vous été un réformateur, un conservateur ou, comme le prétendent vos détracteurs, un raté ?

Je ne peux pas me considérer comme un raté. J'ai accompli mon service pendant huit ans. Les difficultés n'ont pas manqué au cours de cette période, si l'on songe par exemple au scandale de la pédophilie, à cette stupide affaire Williamson et même aux Vatileaks. Mais dans l'ensemble, cela a également été une période au cours de laquelle beaucoup de gens ont retrouvé la foi, et où l'on a observé un grand mouvement positif.

Réformateur ou conservateur ?

Les deux sont toujours indispensables. Il faut renouveler, et j'ai donc cherché à donner l'impulsion d'une réflexion moderne sur la foi. En même temps, il faut de la continuité, il ne faut pas laisser la foi se rompre, se briser.

Avez-vous pris plaisir à être pape ?

(Il rit.) Je dirais que je me savais porté et que j'ai fait de nombreuses et belles expériences qui m'inspirent de la reconnaissance. En même temps, cela a toujours été un fardeau, c'est évident.

Venons-en à votre situation actuelle de pape émérite, une situation sans précédent dans l'histoire de l'Église. Pourrait-on dire : Joseph Ratzinger, le pape Benoît, l'homme de la raison, le penseur audacieux, s'en va en moine, en homme de prière, là où la raison seule ne suffit pas ?

Oui, c'est vrai.

Il y a une question qui ne cesse de nous préoccuper : où est réellement ce dieu dont nous parlons, dont nous attendons de l'aide ? Comment et où peut-on Le localiser ? Nous voyons désormais de plus en plus loin dans l'univers aux milliards de planètes, aux innombrables systèmes solaires, or si loin que portent aujourd'hui nos regards, il n'existe aucun endroit que l'on puisse se représenter comme le firmament où Dieu est censé trôner.

(Il rit.) C'est vrai, parce que cet endroit dont vous parlez, celui où Il trône, n'existe pas. Dieu lui-même est le lieu qui existe au-dessus de tous les lieux. Si vous observez le monde, vous ne voyez pas de firmament ; en revanche, vous voyez partout les traces de Dieu. Dans l'organisation de la matière, dans toute la rationalité de la réalité. Et là où vous voyez des hommes, vous trouvez aussi les traces de Dieu. Vous voyez le vice, mais vous voyez également la bonté, l'amour. Voilà les « lieux » où se trouve Dieu.

Il faut se détacher complètement de ces anciennes représentations spatiales qui ne fonctionnent plus. Parce que si le cosmos n'est pas infini au sens strict du terme, il est tout de même si vaste que nous pouvons, nous les hommes, le définir comme infini. Dieu ne peut se trouver ni à l'intérieur ni à l'extérieur, sa présence est tout autre.

Il est capital de renouveler notre pensée sur bien des points, de nous débarrasser entièrement de ces vieilles histoires d'espace pour aboutir à une compréhension nouvelle. De même qu'il existe entre les hommes une présence psychique – deux êtres humains peuvent être en contact par-delà les continents parce qu'il s'agit d'une dimension qui n'est pas spatiale –, de même Dieu ne se trouve pas dans un « quelque part », il est *la* réalité. La réalité qui porte toute la réalité. Et cette réalité n'a pas besoin de coordonnées. Parce que dire « où », c'est déjà délimiter, ce n'est déjà plus l'infini, le Créateur, le Tout, qui recouvre l'ensemble du temps et n'est pas lui-même temps, parce qu'il le crée et est toujours présent.

Je crois qu'il y a beaucoup à changer sur ce point. De même que notre image de l'homme s'est complètement transformée. Nous n'avons plus six mille ans d'histoire*, mais je ne sais combien plus. Mais laissons ces chiffres hypothétiques. En tout état de cause, grâce à cette connaissance, la structure du temps du point de vue historique se présente aujourd'hui différemment.

---

* Image donnée dans la chronologie biblique (N.d.A.).

Dans ce contexte, la théologie doit se pencher sur les œuvres de manière encore plus approfondie et livrer aux hommes d'autres possibilités de représentation. La traduction de la théologie et de la foi dans le langage actuel laisse encore énormément à désirer ; on doit créer des modèles de représentation qui aident les hommes d'aujourd'hui à comprendre qu'il ne faut pas chercher Dieu « quelque part ». Il y a fort à faire.

Dieu est-Il alors une sorte d'esprit, d'énergie ? La foi chrétienne parle pourtant d'un Dieu personnel.

Justement. Le fait qu'Il soit une « personne » signifie qu'on ne peut pas le circonscrire « quelque part ». En ce qui nous concerne nous, les hommes, la « personne » est également ce qui dépasse le simple espace et nous ouvre à l'infini. Le fait que je puisse être ici et ailleurs. Que je ne sois pas seulement là où mon corps se trouve à l'instant présent, mais que je vive au loin. Et précisément parce qu'un individu est une « personne », il m'est impossible de le fixer à un endroit physique – parce que la personne est ce qui est plus vaste, ce qui est différent, plus grand.

Vous ne vous faites aucune image de Dieu ?
Non.

Comme les juifs ?
Oui. Évidemment, Dieu est présent dans Jésus-Christ, il est présent dans un être humain.

« Celui qui m'a vu a vu le Père » ?
Oui. Ici, on peut vraiment se le représenter.

Vous vous trouvez à présent, comme vous le dites, à la dernière étape de votre vie. Peut-on se préparer à la mort ?

Je pense qu'il faut le faire. Je ne veux pas dire qu'il y a des actes précis à accomplir, mais qu'il faut vivre intérieurement en sachant qu'on va devoir réussir un dernier examen devant Dieu. Que l'on va quitter ce monde et se trouver devant Lui, et devant les saints, devant les amis et ceux qui ne sont pas des amis. Qu'il faut accepter la finitude de cette vie, admettre que l'on approche du moment où l'on se présentera devant la face de Dieu.

Comment faites-vous ?

À travers la méditation, tout simplement. En pensant encore et encore que la fin n'est pas loin. En cherchant à m'y préparer et surtout à me tenir présent. L'essentiel n'est pas que je me le représente, mais que je vive dans la conscience que toute la vie est l'approche d'une rencontre.

Que voulez-vous faire figurer sur votre pierre tombale ?

(Il sourit.) Je dirais : rien ! Juste mon nom.

Je pense à votre devise d'évêque : « collaborateur de la vérité ». Comment l'avez-vous trouvée ?

Je vais vous le dire : cela fait longtemps qu'on met la *vérité* entre parenthèses, parce qu'elle paraît trop grande. Personne n'ose affirmer : « Nous détenons la vérité ! », de sorte que même en théologie, c'est un concept que nous avons largement abandonné. Au cours de ces années de lutte, les années 1970, cette question m'est apparue clairement : si nous abandonnons la vérité, à quoi bon faire tout cela ? Il faut absolument que la vérité entre en jeu.

Il n'est évidemment pas question de dire : « Je détiens la vérité » : c'est la vérité qui nous détient, elle nous a touchés. Et nous essayons de nous laisser guider par ce contact. J'ai repensé alors à la formule de la troisième Épître de saint Jean disant que nous sommes des « collaborateurs de la vérité ». On peut collaborer avec la vérité, parce qu'elle est une *personne*. On peut s'engager dans la vérité, s'efforcer de lui donner de la valeur. Il m'a semblé que c'était, en dernière analyse, la véritable définition du métier de théologien, lui que cette vérité a touché, lui qui se tient face à elle, est désormais prêt à entrer à son service, à collaborer avec elle et pour elle.

« Collaborateur de la vérité » – voilà ce qui pourrait figurer sur votre pierre tombale.

Oui, sans doute. Après tout, puisque c'est ma devise, on pourrait effectivement graver cela sur ma pierre tombale.

Une dernière question pour ces dernières conversations : l'amour a toujours été un de vos thèmes de prédilection, quand vous étiez étudiant, puis professeur, enfin pape. Où y a-t-il eu de l'amour dans votre vie ? Comment avez-vous éprouvé de l'amour, comment l'avez-vous goûté, avec quels grands sentiments l'avez-vous vécu ? Ou était-ce plutôt quelque chose de théorique, de philosophique ?

Non, non. Si on ne l'a pas éprouvé, on ne peut pas en parler. Je l'ai éprouvé d'abord à la maison, auprès de mon père, de ma mère, de mon frère et de ma sœur. Et puis, même s'il n'est pas question d'entrer dans des détails intimes, je dirais que j'en ai été touché, dans diverses dimensions et sous différentes formes. Être aimé et aimer les autres en retour s'est révélé pour moi chaque jour plus fondamental pour pouvoir vivre ; pour pouvoir se dire « oui » et dire « oui » aux autres. Et j'ai pris conscience de plus en plus clairement que Dieu lui-même n'est pas seulement, disons, un puissant souverain, une puissance lointaine, mais qu'Il est amour, qu'Il m'aime – et que la vie doit donc être déterminée par Lui. Par cette force qui s'appelle l'amour.

Notes

1. « *Nunc dimittis* » (Maintenant, tu renvoies) sont les premiers mots du cantique de Syméon. Il figure dans le récit biblique de la présentation du Seigneur au Temple de Jérusalem (Lc 2, 29). Le vieux Syméon reconnaît en Jésus-Christ le Messie attendu, il rend louange à Dieu et se sent désormais prêt à mourir : « Maintenant, Souverain Maître, tu peux, selon ta parole, laisser ton serviteur s'en aller en paix/ car mes yeux ont vu ton salut,/ que tu as préparé à la face de tous les peuples,/ lumière pour éclairer les nations et gloire de ton peuple Israël. » (Traduction française extraite de la Bible de Jérusalem.)

2. La « prière universelle » de saint Pierre Canisius, le « deuxième apôtre de l'Allemagne » : « Dieu tout-puissant et éternel, Seigneur, Père céleste ! Considère notre détresse, notre misère et notre dénuement avec les yeux de ton infinie miséricorde. Prends pitié de tous les chrétiens, pour qui ton propre Fils, notre Seigneur et Sauveur, Jésus-Christ, s'est livré volontairement aux mains des pécheurs et a versé son précieux sang sur la Sainte Croix. Par le Seigneur Jésus, détourne, Père très indulgent, les châtiments mérités, les dangers présents et à venir, les révoltes funestes, les préparatifs de guerre, le renchérissement, les maladies, les temps de troubles et de besoin. Éclaire aussi et renforce dans tout ce qui est bon les maîtres et les souverains spirituels et profanes, afin qu'ils favorisent ce qui peut contribuer à Ton honneur divin, à notre salut, à la paix universelle et à la prospérité de toute la Chrétienté. Accorde-nous, ô Dieu de Paix, une véritable union dans la foi, sans division ni séparation aucune ; convertis nos cœurs à la vraie contrition et à l'amélioration de notre existence ; allume en nous le feu de Ton amour ; donne-nous la ferveur et la faim de justice afin que nous

Te soyons, enfants obéissants dans la vie et dans la mort, agréables et gracieux. Nous prions aussi, comme Tu veux, ô Dieu, que nous priions, pour nos amis et nos ennemis, pour les hommes en bonne santé et pour les malades, pour tous les chrétiens troublés et souffrants, pour les vivants et pour les défunts. Que de Toi, ô Seigneur, se recommandent tous nos faits et gestes, tous nos agissements, notre vie et notre mort. Laisse-nous jouir ici-bas de Ta grâce et rejoindre dans l'au-delà tous les élus afin que nous puissions, dans une joie et une félicité éternelles, Te louer, T'honorer et Te glorifier ! Accorde-nous cela, ô Seigneur, Père céleste ! Par Jésus-Christ, Ton fils bien-aimé, qui vit et règne avec toi et avec l'Esprit-Saint en Dieu égal dans les siècles des siècles. Amen. »

3. Dans l'interview qu'il a accordée à la revue jésuite *La civiltà cattolica* et qui a été publiée en septembre 2013, le pape François a répondu à des questions sur son parcours personnel, sur ses idées et sur son image de l'Église.

4. Après avoir vécu à Marktl, Tittmoning et Aschau, la famille Ratzinger déménage en avril 1937 dans une petite ferme ancienne dans le village de Hufschlag près de Traunstein, que le père avait acquise en 1933 pour la somme de 5 500 Reichsmarks, peu après la prise du pouvoir par Hitler. Il pensait : « Il va y avoir la guerre. Nous aurons besoin d'une maison. »

5. Le mathématicien et philosophe français Blaise Pascal a vécu en 1654 une expérience mystique qu'il a consignée dans son *Mémorial*, un texte devenu célèbre, écrit sur une étroite bande de parchemin qu'il portait constamment sur lui. On peut y lire que Dieu ne se trouve pas par la pensée, ni par les preuves philosophiques de son existence (le Dieu, « non des philosophes et des savants »). Il s'agissait au contraire d'une expérience comparable à celle du feu, et il fait explicitement allusion par ses mots au récit du buisson ardent (Ex. 3,6 : « Dieu d'Abraham, Dieu d'Isaac, Dieu de Jacob »).

6. Extrait du « discours de Ratisbonne » du 12 septembre 2006, dans lequel Benoît XVI cite l'empereur byzantin Manuel II Paléologue : « Sans entrer dans les détails comme le traitement différent des "détenteurs d'Écritures" et les "infidèles", il [l'empereur Manuel II] s'adresse à son interlocuteur d'une manière étonnamment abrupte – abrupte au point d'être pour nous inacceptable –,

qui nous surprend et pose tout simplement la question centrale du rapport entre religion et violence en général. Il dit : "Montre moi ce que Mahomet a apporté de nouveau et tu ne trouveras que du mauvais et de l'inhumain comme ceci, qu'il a prescrit de répandre par l'épée la foi qu'il prêchait." » Après s'être prononcé de manière si peu amène, l'empereur explique minutieusement pourquoi la diffusion de la foi par la violence est contraire à la raison. Elle est contraire à la nature de Dieu et à la nature de l'âme. »

7. La prière du vendredi saint pour les juifs, une des « grandes prières d'intercession » de la liturgie du vendredi saint selon le rite romain, est vivement disputée. La version originelle date du VIᵉ siècle. Les juifs y étaient qualifiés de « *perfidis* » et elle demandait à Dieu d'enlever le « voile qui couvre leurs cœurs » afin qu'eux aussi reconnaissent le Christ, et qu'ils soient arrachés à l'« aveuglement » et aux « ténèbres ». Dans le cadre de la réforme liturgique introduite par le Concile Vatican II, Paul VI avait pris l'initiative de modifier cette formulation. Aujourd'hui, dans la messe ordinaire du vendredi saint, on prononce le texte suivant : « Prions pour les juifs à qui Dieu a parlé en premier : qu'ils progressent dans l'amour de son Nom et la fidélité de son Alliance afin qu'ils atteignent le but auquel sa Volonté veut les conduire. » Quand Jean-Paul II a accordé aux évêques de pouvoir autoriser certains groupes à reprendre l'ancien rite selon le missel de 1962, il est redevenu possible de prononcer la version divergente de la prière pour les juifs et de réintégrer les propos les présentant comme victimes d'un « aveuglement » et réclamant de les « arracher à leurs ténèbres ». En février 2008, Benoît XVI a modifié cette version comme suit : « Prions aussi pour les juifs, afin que le Seigneur notre Dieu éclaire leur cœur, de manière qu'ils reconnaissent Jésus-Christ comme le sauveur de tous les hommes. Dieu éternel et tout-puissant, qui veux que tous les hommes soient sauvés et viennent à reconnaître la vérité, accorde que tout Israël soit sauvé par la foule des nations entrant dans ton Église. Amen. »

8. En janvier 2009, le décret pris par Benoît XVI levant l'excommunication de quatre évêques de la Fraternité Saint-Pie-X sans statut de droit canonique a provoqué une incroyable campagne médiatique. Rappelons brièvement la chronologie des faits : le Vatican avait prévu d'annoncer publiquement le 24 janvier à midi que le Saint Père avait décidé de lever l'excommunication

des évêques de la Fraternité Saint-Pie-X. L'excommunication ne se justifiait plus, la Fraternité s'étant soumise à la primauté du pape par le biais d'une déclaration. Cette décision n'entraînait pas de réhabilitation, ni même de réintégration dans l'Église catholique. Cette nouvelle avait déjà été annoncée par un journaliste espagnol une semaine auparavant, dès le 17 janvier. Le 20 janvier, le *Spiegel* consacre un article à une interview qu'un des quatre évêques de la Fraternité, Richard Williamson, a accordée à la télévision suédoise, dans laquelle l'Anglais niait l'Holocauste. Cette interview est diffusée à la télévision suédoise le 22 janvier. Le jour même, Andrea Tornielli, spécialiste du Vatican, évoque l'interview de Williamson dans le quotidien *Il giornale*. Toujours le 22 janvier, une rencontre au sommet à ce sujet se tient au Vatican à laquelle participent les cardinaux de la Curie Bertone, Hoyos, Levada, Hummes et deux évêques. La réunion s'achève sans résultat, il ne s'est rien passé. Le secrétaire particulier du pape, Georg Gänswein, était malade et alité. L'affaire prend alors une tournure politique, malgré tous les démentis du Vatican affirmant que les négationnistes n'avaient pas leur place dans l'Église catholique. Benoît XVI qui, quelques semaines auparavant, avait appelé à une « profonde solidarité avec le monde juif » et avait insisté sur son combat contre toute forme d'antisémitisme, s'est alors vu accusé lui-même d'antisémitisme.

Repères biographiques

1927

16 avril : Naissance de Josef Aloisius Ratzinger le samedi saint, à 4 h 15, à Marktl am Inn (Haute-Bavière), arrondissement d'Altötting, évêché de Passau, baptisé à 8 h 30 le même jour. Il a pour parents Josef Ratzinger (6 mars 1877-25 août 1959), officier de gendarmerie, et Maria Ratzinger née Paintner (8 janvier 1884-16 décembre 1963), fille de boulanger. Troisième enfant de la famille, il a une sœur aînée, Maria Theogona (7 décembre 1921-2 novembre 1991), et un frère aîné, Georg (15 janvier 1924).

1929-1942

11 juillet 1929 : La famille déménage à Tittmoning.
5 décembre 1932 : Déménagement à Aschau am Inn.
Avril 1937 : Le père prend sa retraite et la famille achète une maison, une ancienne ferme (construite en 1726), où la famille s'installe, à Hufschlag, près de Traunstein.
1937 : Entrée au collège de Traunstein.
16 avril 1939 : Admission au petit séminaire diocésain Saint-Michel à Traunstein.

1943-1945

Août 1943 à septembre 1944 : Auxiliaire à la DCA à Unterföhring, à Ludwigsfeld, près de Munich, et à Gilching, au bord de l'Ammersee.

Automne 1944 : Service du travail du Reich dans le Burgenland autrichien.

13 décembre 1944 : Incorporation dans la « 1re compagnie d'instruction de fantassins du 179e bataillon de réserve et d'instruction de grenadiers ».

Mai 1945 : Déserte la Wehrmacht.

De mai jusqu'au 19 juillet 1945 : Prisonnier de guerre dans un camp américain près de Neu-Ulm.

1946-1958

3 janvier 1946-été 1947 : Études de philosophie à l'Institut supérieur de philosophie et de théologie de Freising. Puis études de théologie à l'université de Munich.

Fin de l'automne 1950-juin 1951 : Année diaconale à l'Institut supérieur de Freising.

29 juin 1951 : Ordination à la cathédrale de Freising.

À partir du 1er juillet : Prêtre auxiliaire à Munich-Moosach (paroisse Saint-Martin).

À partir du 1er août : Vicaire à Munich-Bogenhausen (paroisse du Très-Précieux-Sang).

1er octobre 1952-1954 : Maître de conférences à l'Institut supérieur de Freising.

1953 : Doctorat en théologie à l'université de Munich (Sujet : « Peuple et maison de Dieu dans la doctrine de l'Église chez saint Augustin »).

À partir du premier semestre de l'année académique 1953-1954 : Professeur extraordinaire de théologie dogmatique et fondamentale de l'Institut supérieur de Freising.

1957 : Habilitation à l'enseignement à l'université de Munich en théologie fondamentale (Sujet : « La théologie de l'histoire chez saint Bonaventure ») ; sa première demande d'autorisation de soutenance avait échoué en raison de l'opposition du dogmaticien Michael Schmaus.

1er janvier 1958 : Professeur sans chaire de théologie dogmatique et fondamentale à Freising.

1959-1977

1959-1963 : Professeur de théologie fondamentale à l'université de Bonn.

Août 1959 : Mort de son père à Traunstein.

1962-1965 : Conseiller du cardinal de Cologne Joseph Frings et expert conciliaire (*peritus*) du Concile Vatican II. Membre de la Commission doctrinale de la Conférence des évêques d'Allemagne et de la Commission théologique internationale à Rome.

1963-1966 : Professeur de théologie dogmatique et d'histoire du dogme à la Westfälische Wilhelms-Universität de Münster.

Décembre 1963 : Mort de sa mère.

1966-1969 : Professeur de théologie dogmatique et d'histoire du dogme à la faculté de théologie catholique de l'université de Tübingen.

1968 : Publication d'*Einführung in das Christentum* (*La Foi chrétienne hier et aujourd'hui*).

1969-1977 : Professeur de théologie dogmatique et d'histoire du dogme à l'université de Ratisbonne.

1976-1977 : Vice-président de l'université de Ratisbonne.

1977-1981

25 mars 1977 : Nommé archidiocèse de Munich et Freising par le pape Paul VI.
28 mai 1977 : Ordonné évêque à Munich.
29 juin 1977 : Créé cardinal.
25 novembre 1981 : Nommé par le pape Jean-Paul II préfet de la Congrégation pour la Doctrine de la foi, président de la Commission biblique pontificale et de la Commission théologique internationale.

1982-2005

28 février 1982 : Départ de l'archidiocèse de Munich et Freising.
1986-1992 : Directeur de la Commission qui a préparé le Catéchisme de l'Église catholique.
Septembre 1991 : Victime d'une attaque, passe plusieurs semaines à l'hôpital.
2 novembre 1991 : Mort de sa sœur Maria, qui s'est occupée pendant trente-quatre ans du bureau et du foyer de son frère.
1992 : Admission à l'Académie des sciences morales et politiques de l'Institut de France.
1993 : Élevé au rang de cardinal-évêque du siège suburbicaire de Velletri-Segni.
1998 : Élu vice-doyen du Collège des cardinaux.
2002 : Élu doyen du Collège des cardinaux.
2 avril 2005 : Mort de Jean-Paul II.
8 avril 2005 : Doyen des cardinaux, il préside les funérailles du pape défunt.

2005-2013

19 avril 2005 : Après vingt-six heures de conclave et au quatrième tour de scrutin, Joseph Ratzinger devient le 265ᵉ pape de l'Église catholique romaine. Il prend le nom de Benoît XVI. C'est le premier pape allemand depuis Adrien VI, 482 ans plus tôt. C'est aussi le premier pape depuis l'époque moderne à renoncer à la présence de la tiare sur le blason pontifical, symbole du pouvoir séculier, au profit de la mitre, coiffure ordinaire des évêques.

Août 2005 : Assiste aux Journées mondiales de la jeunesse à Cologne avec plus de un million de participants.

Octobre 2005 : Synode des évêques à Rome.

2006 : Abolition du titre de « patriarche d'Occident ». Début d'une réforme de la Curie avec la fusion de plusieurs conseils pontificaux. Pèlerinage en Pologne et visite du camp de concentration d'Auschwitz. Voyage en Espagne à l'occasion de la Rencontre internationale des familles. Visite en Bavière, sa région natale. Entrevue à Istanbul avec Bartholomée Iᵉʳ, primat de l'Église orthodoxe. Publication de l'encyclique *Deus caritas est*, « Dieu est amour ».

Au cours des 2 872 jours de son pontificat, Benoît XVI a rédigé 18 motu proprio, ainsi que 116 constitutions apostoliques et 144 exhortations apostoliques. S'y ajoutent 278 lettres apostoliques et 242 lettres à des représentants de l'Église et à des gouvernements. Ses œuvres comprennent les encycliques Deus caritas est, Spe salvi *et* Caritas in veritate. *Sa quatrième encyclique* Lumen fidei *a été publiée par son successeur. Éditée à plusieurs millions d'exemplaires, la trilogie du pape sur Jésus a été publiée en 20 langues et lue par des croyants de 72 pays.*

Benoît XVI a dirigé 352 célébrations liturgiques, a donné 340 audiences (sans compter les voyages à l'étranger et *les audiences privées), il a prononcé 62 béatifications et 28 canonisations. Outre 27 prières et 352 homélies, le Saint Père a dit 452 fois la prière de l'angélus/*Regina Caeli *avec ses fidèles. Au cours de son pontificat, il a prononcé au total 1 491 discours. Il a entrepris 24 voyages hors d'Italie (dans 22 pays) et 30 voyages en Italie. Ses apparitions à Rome et à Castel Gandolfo ont attiré 18 millions de personnes.*

1 février 2013 : Au cours de la huitième année de son pontificat, Benoît XVI annonce sa renonciation, laquelle prend effet le 28 février 2013. Il est le premier pape depuis mille ans et le premier souverain pontife réellement en exercice à renoncer à la charge pétrinienne.

Table des matières

Cet ouvrage a été imprimé en France
par CPI Bussière
à Saint-Amand-Montrond (Cher)
pour le compte des Éditions Fayard
en août 2016

Composition et mise en pages
Nord Compo à Villeneuve-d'Ascq

Fayard s'engage pour
l'environnement en réduisant
l'empreinte carbone de ses livres.
Celle de cet exemplaire est de :
0,950 kg éq. CO_2
PAPIER À BASE DE   Rendez-vous sur
FIBRES CERTIFIÉES   www.fayard-durable.fr

25-2228-3/01

N° d'impression : 2024581